クメール・ルージュの跡を追う

——ジャングルに隠れたポル・ポト秘密司令部

はじめに

私とコン・サンロート氏の付き合いはもう一五年になる。随分、長くなったものである。彼が留学生として来日中、神奈川県相模原市のカンボジア難民の知人宅で初めて会った。その頃、彼は二〇歳前。第一印象は無口で愛想のない青年だった。その後、筑波大学修士課程を修了し、祖国に戻り会社を起こした。今では前途有望なカンボジアの知識人である。

二〇一〇年七月のある日、
「オスオスデイにどうしても行きたい。ぜひ通訳として一緒に行って欲しい」
と、私は彼に電話で依頼した。オスオスデイとは、タイ・カンボジア国境のジャングルに作られたポル・ポト直属の秘密司令部のことである。

実は、そこに行くには、カンボジアのパイリン市に住む元司令部スタッフ、コン・デュオン氏の案内が必須である。彼が行ってくれなければ場所が分からない。常識的には、こちらに頼むのが先である。だが、私の順序は逆だった。というのは、一般の観光旅行なら、言葉は大体のところが通じれば何とかなるだろう。しかし、調査・研究の通訳は、それでは到底及ばない。さらに高度な語学力と深い教養が求められる。

私はかつて、カンボジア北部の山中のジャングルにあるポル・ポト派基地の跡を訪ねたことがある。オスオスデイとは別物である。その時、コン・サンロート氏が体調を崩したため、別の通訳に同行を依頼した。私が訪れた時点では山中には基地の様相が色濃く残っていた。だが、残念ながら、私はその全貌をアバウトにしか掴めなかった。言葉の通じない外国での調査では、通訳の力量が、そのまま私の理解のレベルとなる。誰を通訳にするかが最優先の問題であることを、この時、私は学んだ。

だから、今回、コン・デュオン氏の案内でオスオスデイに行けたとしても、その説明が私にきちんと伝わらなければ、何のために行ったか分からなくなるだろう。この調査にはカンボジア屈指の日本語話者《ジャパニーズスピーカー》、コン・サンロート氏が不可欠である。だから、順序を逆にした。

そして、問題はまだあった。オスオスデイは大変な僻地にある。そこに行くというだけで実におおごとである。そんなところにコン・サンロート氏は付き合ってくれるだろうか。これも心配だ。

「良いですよ。行きましょう」

二つ返事でＯＫだった。本当に有り難い。これでコン・デュオン氏に案内の依頼ができる。

その時、彼はこんなことも私に言った。

「ポル・ポトのことに詳しくなり過ぎて、変なことを言われませんか」

かつてポル・ポト派が政権を握っていた一九七五年四月一七日から一九七九年一月七日までの三年八ヶ月二〇日の間に、カンボジアでは百万人とも二百万人とも言われる人々が虐殺、病死、餓死などで命を奪われた。現在はポル・ポト政権の責任を追及するいわゆるポル・ポト裁判が開かれている。だから、ポル・ポト派の調査・研究で私の立場が悪くならないかと気遣ってくれた訳である。そんなことまで心配してくれる。

彼から通訳の面白さや大変さを聞いたことがある。お互いが言っていることをそのまま伝えるのが通訳ではない。文化が違うカンボジア人と日本人の間に入り、どう表現すれば、互いを傷つけず、友好的に、その時々の目的を達成することができるのかということを常に考えていると彼は言う。そんな彼がいるから、私は安心してカンボジアで調査ができる。

最近は、例えば、こんなことにもなっている。

「この人は、どうも答えたくないようだ。困ったな。サンロートさん、何かうまい方法はないかな。私の質問をサンロートさんが上手に作って、どうにか答えを引っ張り出してよ」

などと無茶苦茶なことを私が言う。もちろんインタビュー相手は私の話す日本語が分からないから、新たな質問を発しているようにしか見えないだろう。すると、彼は「分かりました」

通訳コン・サンロート　カンボジア人屈指の日本語話者　オスオスデイのジャングルにて　2011年4月　筆者撮影

と頷いて、私の「通訳」を再開する。しばらくすると、きちんとした答えが帰って来る。時には、私の質問のふりなどせず、真正面から、私の調査の現状や姿勢を相手に説明し、説得して回答を得ていることさえある。

先の彼の心配に私はこう答えた。

私はポル・ポト派の擁護者ではない。虐殺を否定する考えも毛頭ない。また、何らかの政治的意図でポル・ポト派を調べているのでもない。ただ純粋にカンボジアの近現代史を追究しているだけである。しかも、このオスオスデイの秘密司令部については、どうも世界中の誰も、きちんと分かっていないようである。私も歴史学徒の一人である。歴史研究の空白がそこにあると知って、じっとしては、いられない。

逆に、私も彼に聞いた。こんな通訳をしてカンボジアで不都合はないのか。

「ポル・ポト派を調べるのは、個人の自由です。誰と、どこへ行って、何を調べようと問題ありません」

翌八月、私はパイリン市のコン・デュオン氏の自宅を訪れた。この時の訪問は、私の前著の完成を彼に報告するためだった。前著とは、彼の半生をまとめた本である。その内容については後述する。

その時、私はオスオスデイの依頼をした。

「あなたから伺った話をさらに深く追い求めるため、どうしても国境のジャングルに行きたい」

と懇願した。

この時点で彼との付き合いは五年になる。かつてポル・ポト派にいた時のことについて、何でも私に教えてくれるようになっている。今回の依頼もまた、快諾を得た。

こうして、ジャングルに埋もれたポル・ポトの秘密司令部オスオスデイの調査が実現した。本書はその報告である。

二人のコン氏のおかげである。

本書に登場する地名

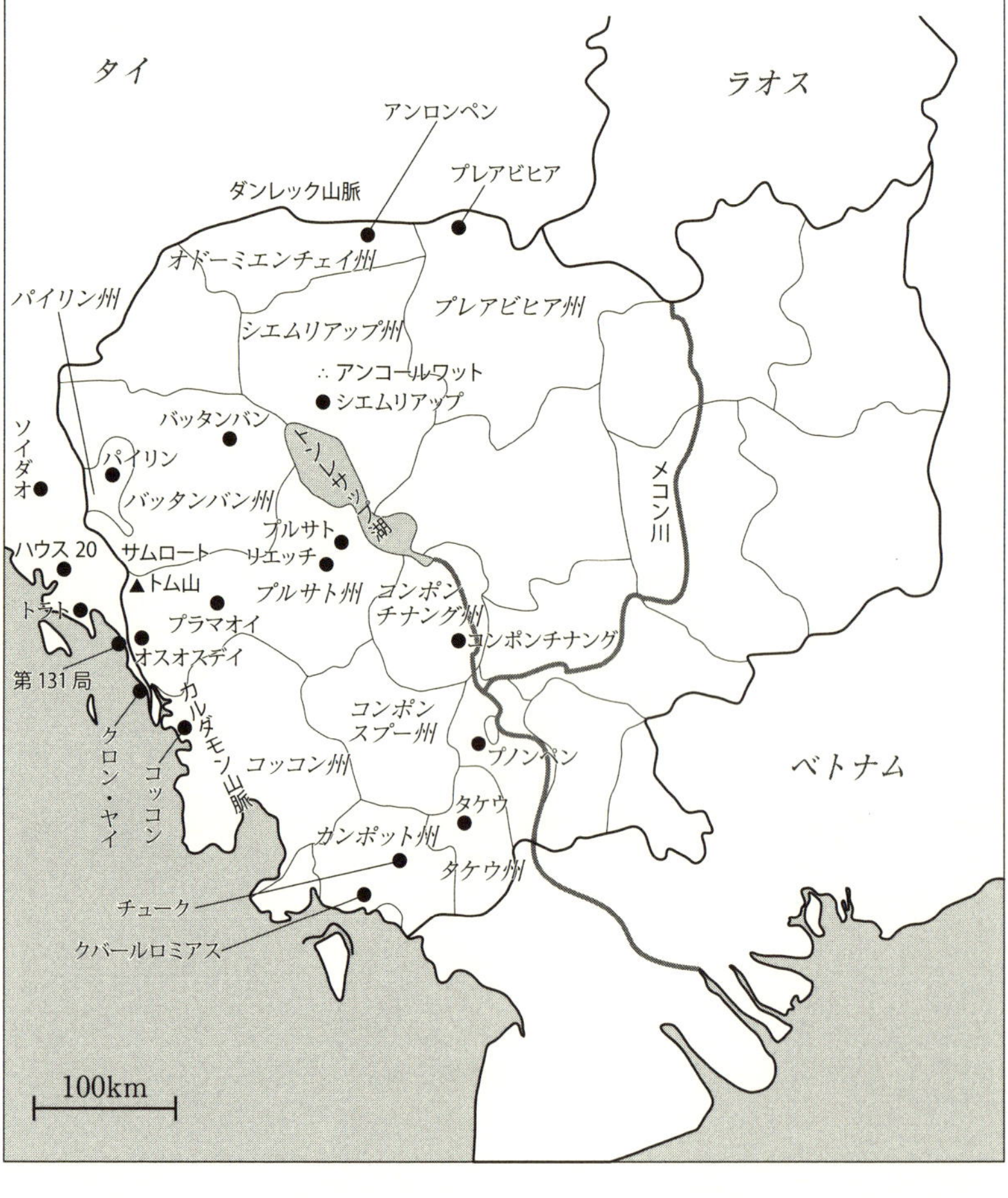

タイ
ラオス
ベトナム
アンロンペン
プレアビヒア
ダンレック山脈
オドーミエンチェイ州
パイリン州
プレアビヒア州
シエムリアップ州
∴アンコールワット
シエムリアップ
バッタンバン
ソイダオ
パイリン
バッタンバン州
トンレサップ湖
メコン川
プルサト
ハウス 20
サムロート
リエッチ
▲トム山
プルサト州
コンポンチナング州
トラト
プラマオイ
コンポンチナング
オスオスデイ
第 131 局
カルダモン山脈
コンポンスプー州
クロン・ヤイ
コッコン
コッコン州
プノンペン
タケウ
カンポット州
タケウ州
チューク
クバールロミアス
100km

目次

補章　中国から戻った男

序章　なぜカンボジアのジャングルなのか

「ポル・ポトの家」を目指して歩く　2011年8月　筆者撮影

本書は、一九八〇年代、カンボジア内戦期にタイとカンボジアの国境のジャングルに密かに設置され、そして内戦終結後は所在地すら分からなくなっていたポル・ポト直属の秘密司令部「第一三一局」の跡地オスオスデイに、二〇一一年、恐らく外国人として初めて入り込み、調査をした結果を報告し、あわせて関係する諸問題を考察しようとするものである。

第一三一局との出会い

二〇一〇年七月、私は『気が付けば国境、ポル・ポト、秘密基地—ポル・ポト派地下放送アナウンサーの半生』(アドバンテージサーバー)を刊行した。同書はカンボジアの反体制勢力ポル・ポト派の地下放送アナウンサーであったコン・デュオンの半生を追いながら、ポル・ポト派の実像に迫り、かつ新たに発掘した同派に関する諸知見を公表したものである。

コン・デュオンはカンボジアに混乱の端緒を作った親米のロン・ノル政権が末期症状を呈していた一九七四年一一月、中学三年生の時、首都プノンペン南西、コンポンスプー州の地方村でポル・ポト派に拘束された。その時、処刑を覚悟したが、強運によって免れた。以来、彼は家族と離れ離れになり、ポル・ポト派支配地域で暮らすことになる。そして、一九九六年、ポル・ポト派が分裂し、同派内のグループ、イエン・サリ派が政府に投降するまで同派の一員だった。

混乱のカンボジアでは、何らかの運命でポル・ポト派に入ることになったカンボジア人は珍しくない。だが、私が特にコン・デュオンの半生を本にする必要があると思ったのは、彼が「第一三一局」のスタッフであったからである。

一九七九年一月七日、三年八ヶ月余りカンボジアを支配したポル・ポト政権は隣国ベトナムの侵攻によって崩壊した。ベトナムはカンボジアを占領し、プノンペンにカンボジア人ヘン・サムリンを中心とする傀儡ヘン・サムリン政権を樹立した。一方、政権の座を追われたポル・ポト派はタイ・カンボジア国境のジャングルに逃げ込み、ベトナムとヘン・サムリン政権に対抗した。

カンボジアに攻め入ったベトナムの背後にはソ連がいた。時代は米ソ対立、中ソ対立の真只中である。ソ連の膨張を嫌うアメリカなど西側諸国と中国は、このポル・ポト派に、シアヌーク派及びソン・サン派という二つのグループを合体させ、いわゆる「三派連合政府（民主カンボジア連合政府）」を作らせ、ベトナムに対抗させた。米中が背後にいる三派連合政府は支配地域がタイ国境のジャングル一帯しかないにもかかわらず国際連合に議席を持った。これに対し、ソ越《ベトナム》を背後に持ち、国土の大半を支配したヘン・サムリン政権は国際的に承認されなかった。

こうしてカンボジアでは「『三派連合政府』対『ヘン・サムリン政権とベトナム軍』」の内戦が繰り広げられた。それは「『アメリカ（&西側諸国）・中国』対『ソ連（&東側諸国）』」の代理戦争でもあった。つまり、米ソ対立、中ソ対立がカンボジアに集約された。そして、この時、ポル・ポトが抵抗の指令を出していた国境のジャングルの中の秘密司令部こそ、コン・デュオンがいた第一三一局である。

中学三年生でポル・ポト派に拘束されて以降、同派の兵士などとして過ごしていたコン・デュオンは、一九八〇年、同派が実施した「中国留学」のテストに合格した。彼は当然、中国に行けると考えた。だが、実際に送られた先は中国でなく、国境のジャングルだった。そこはポル・ポトが潜む秘密基地だった。そうした説明は事前に一切なく、気が付けばポル・ポト直属のスタッフとされていた。どうもポル・ポトは中国留学を餌に、支配地域から使えそうな人材を集めたようである。この話を、私は前著『気が付けば国境、ポル・ポト、秘密基地』に書いた。

第一三一局は、第一一部門、第二一部門、第三一部門、第四一部門、第五一部門、第六一部門、第七一部門、第八一部門、第九一部門、情報統括部門、そして、ラジオ局（第一八部門、第二七部門）から成るポル・ポト直属の組織である。▼1

役割分担は、「ポル・ポトの側近中の側近（第一一部門）」、「軍事情報担当（第二一部門）」、「民意収集分析担当（第三一部門）」、「社会衛生情報担当（第四一部門）」、「経済・農業情報担当（第五一部門）」、「文化情報担当（第六一部門）」、「外交情報担当（第七一部門）」、「出版印刷担当（第八一部門）」、「映像記録担当（第九一部門）」、「報道分析担当（情報統括部門）」、そして、ラジ

オ局である。ラジオ局は「ニュース放送担当（第一八部門）」と「音楽放送担当（第二七部門）」の二部門から成る。これらがポル・ポトの直轄下に置かれ、ここで集めた諸情報をもとにベトナムとヘン・サムリン政権に対する抵抗戦略が練られ、実行された。

コン・デュオンは第一三一局で、第七一部門、情報統括部門、第一八部門と異動した。一九九二年から一九九三年に展開したＵＮＴＡＣ《アンタック》（国連カンボジア暫定統治機構）の展開時には、ＵＮＴＡＣや同代表明石康を罵ったアナウンサーの一人だった。

カンボジアとの出会い

私は、一九八九年、神奈川県相模原市でインドシナ難民（ベトナム難民、ラオス難民、カンボジア難民）と初めて出会った。当時私が勤務していた県立相模原高校に程近いある団地に、彼らはまとまって住んでいた。相模原市に隣接する大和市に難民の日本定住のための「大和定住促進センター」があった関係で、相模原市で日本での生活の第一歩を踏み出した難民は多かった。私は高校の地歴公民科の教師である。世界史の渦中の人々が私の勤める学校の近くに暮らしている。これは高校生にとって、またとない生きた学習の機会となるだろう。私は彼らにインタビューを申し入れた。

最初、私は証言を聞くために訪れた。だが、この遠来の人々は言語や習慣、考え方の違いなどで日本社会に戸惑っていた。団地の管理人の依頼を受けて、相模原高校の生徒と共に日本語と生活支援のボランティア活動を開始した。

この活動を通して高校生は実に多くのことを吸収した。日本語教育法に取り組む者もいた。外国人の定住問題あるいは福祉問題について考え始めた者もいた。カンボジア難民女性との交流をまとめた女子生徒はＪＩＣＡ《ジャイカ》主催の高校生エッセイコンテストで特選外務大臣奨励賞を受賞した。相模原高校の活動としてはソロプチミスト日本財団から表彰された。

翌一九九〇年、この活動は新たな展開を見せた。ボランティアを継続したいと言う卒業生、そして活動に参加したいと言う地域住民が出て来たため、相模原高校のグループとは別に、市民団体「インドシナ難民の明日を考える会（ＣＩＣＲ）」を結成した。卒業生や地域住民は高校のグループに入れないからである。以来、ＣＩＣＲは今日まで二四年の活動を続けている。この間、神奈川県知事表彰やカンボジア政府表彰を頂いた。

インドシナ難民は、上述のようにベトナム、ラオス、カンボジアの三国の難民である。私はＣＩＣＲを通して多くの難民の知人を得たが、中でもカンボジア人と親しくなった。国境を接する三国はしばしば「インドシナ三国」などと一括される。だが、その実、独自の歴史や文化、言語を持ち、民族性には明らかな違いがある。日本のインドシナ難民支援関係者の間でよく言われることだが、三国のどこと波長が合うかは、ボランティア個人やボランティアグループ次第である。私やＣＩＣＲはカンボジア人との付き合いが深くなった。

やがて、それはカンボジア本国との交流に発展した。私が初めて同国を訪れたのは、一九九二年一二月、UNTACの真只中のことだった。相模原市のカンボジア難民と一緒に訪れた。内戦終結後まだ間もない首都プノンペンは、これが一国の首都かと思うほどに荒れ果てていた。首都のメインストリートにまで路上生活者がいた。それ以来、CICRは在日難民支援だけでなく、カンボジア本国支援も開始した。耳の不自由な少女の来日治療支援、地方村の小学校の校舎再建、地方村の小学校と中学校への図書館寄贈、地方都市の寺院と提携した老人ホーム設置、地方都市の中学校への奨学金支援、そして各地での井戸寄贈など村の生活改善支援を行った。

こうした活動を通して、私はカンボジア社会の実相に触れた。新聞、雑誌、書籍等に書かれた情報とはどこか何か違う生の姿がそこにあった。情報は未整理の方が面白い。分かりやすく整理されたものは誰かの視点が入っている。グチャグチャのままの情報から、何を、どう掴むのか、それが最も知的にして本質的で面白い。

コン・デュオンとの出会い

カンボジアとの付き合いが深まる中、神奈川県厚木市在住のカンボジア人青年が、私にコン・デュオンの存在を教えてくれた。彼は県立厚木南高校(現厚木清南高校)定時制の教え子である。大学進学を熱望する彼を私は応援した。他人の連帯保証人には絶対になるなという父の遺言を破り、彼の奨学金の連帯保証人欄に押印した。在日外国人が連帯保証人を見付けるのは難しい。そんな彼は私がカンボジアの社会や歴史に関心を持っていることを知っていた。だから、コン・デュオンの紹介は返礼の意味もあっただろう。

コン・デュオンは彼の故郷の知り合いである。虐殺ポル・ポト派に知人がいるとは、この青年はとんでもない人間関係を持っていると思われるかもしれない。これには一言説明が必要である。政権の座を追われた後のポル・ポト派はヘン・サムリン政権に抵抗するために、タイ国境に接するカンボジアの諸州に支配地域を持った。従って、ここに暮らす人々は、良いも悪いもなく、ポル・ポト派の支配を受ける。となれば、当然、地縁血縁の関係でポル・ポト派とつながりができる。

プノンペンで暮らしていたコン・デュオンは、既述のように地方村でポル・ポト派に拘束され、同派に入れられた。以後、同派支配地域での生活を余儀なくされた。そこで、この青年の故郷の人々と行き合った訳である。

私が紹介されたコン・デュオンは「ポル・ポト派地下放送アナウンサー」だった。「地下放送」とは、反政府勢力などによって発信される政治宣伝放送を指す言葉である。ポル・ポト派地下放送は、特にUNTACに対する過激な内容で一時は世界注視の的だった。だから、当初の私の気持ちは複雑だった。コン・デュオンは良くも悪くも世界史的当事者である。だから、話は聞いてみたい。でも躊躇する思いがないと言えば嘘になる。期待半分、怖さ半分で、私はパイリン市のコン・デュオンを訪問した。

実際に行ってみれば、頭脳明晰で、温厚な人物がそこにいた。

実際に聞いてみれば、歴史に翻弄されたカンボジアの一民衆、コン・デュオンの半生がそこにあった。

そして、もう一つ、とんでもない話が飛び出した。それは世界中の誰もが正確に知らないカンボジアの秘史だった。すなわち、第一三一局のことだった。

第一三一局、世界初公表の真実

私が最初にコン・デュオンにインタビューしたのは、二〇〇五年八月だった。話を聞き終えて日本に戻り調べてみたら、彼の語る内容がどこにも見当たらないのには驚いた。どうもまとまった先行研究がなさそうである。それはそれで未知の領域だから、やりがいはあるだろうが、それが真実かどうか確認するには、より多くの第一三一局関係者にインタビューして歩くしかない。内容を確定するまでにどれほどの時間がかかるだろう。

コン・デュオンの証言は歴史の空白を埋める貴重なものであることは間違いなさそうだが、どうまとめたら良いのだろう。とにもかくにも、こんなことを語る人物がいるということで出版してみよう。当初、私はそんなことを考えていた。そして、翌二〇〇六年八月、もう一度彼に取材して、手探りで原稿を書いていた。

折しも、二〇〇八年、ポル・ポト派に関する大著が翻訳された。イギリス人のジャーナリストで、伝記作者であるフィリップ・ショートの著『ポル・ポト――その悪夢の歴史』（白水社）である。同書は現時点に於けるポル・ポト及びポル・ポト派研究の最先端であると言って過言ではないだろう。その中に、第一三一局に関するまとまった叙述があった。当然、同書は、私の不可欠の参考文献となった。私は精読した。

実はフィリップ・ショートは何あろうコン・デュオンに取材している。同書にはコン・デュオンの証言が論拠となっている箇所があちこちにある。だが、第一三一局について同書に書かれている内容と、私がコン・デュオンから直接聞いた内容には、しばしば異同があった。どちらが正しいのか分からないこともあれば、コン・デュオンの方に妥当性があると思われることもあった。これらの違いは今後の研究の参考にと、前著に適宜書き留めている。

小さな違いはともかくとして、両者には看過できない相違が一つあった。それは「第一三一局の所在地」である。三派連合政府時代のポル・ポト派の秘密司令部である第一三一局がどこにあったのか、それがフィリップ・ショートとコン・デュオンで言うことが全く異なっているのである。これはシリアス《重大かつ深刻》な問題である。

フィリップ・ショートはタイ・カンボジア国境付近のトム山の山腹だと言い▼2、コン・デュオンはその南方だと主張する。フィリップ・ショートの著作の冒頭に掲載されたカンボジア地図を眺めながら、「フィリップ・ショート氏がなぜこんな場所を指し示すのか、理解できません。誤認です」とコン・デュオンは断言して憚らない。

五万分の一の詳細なカンボジア地図で見る限り、フィリップ・ショートの場所は地形が急峻であり、コン・デュオンの語る第一三一局の姿とは噛み合わない。だが、それだけでコン・デュオンが正しいとも断定できない。これはもはや実際に現地に行って、私自身で確かめるしかない。この点をはっきりさせるだけでも、私の本は出版する価値があるだろう。私は第一三一局を確認する旅をコン・デュオンに依頼した。

ちなみに、第一三一局は一度移転しているから、二箇所ある。フィリップ・ショートは両方ともカンボジア領内だと言う。コン・デュオンは最初の第一三一局はタイ領内にあり、二つ目がカンボジア領内だったと主張する。この点も両者は違っている。なお、本書が報告するオスデイは二つ目の第一三一局である。

二〇〇九年一二月、最初の第一三一局を探し求めて、私はコン・デュオンと共にタイに入国した。彼は最初の方はタイにあったと言うから、タイに入る必要がある。途中、フィリップ・ショートの言うトム山の山麓にタイ側から訪れた。コン・デュオンは、ここにはかつて武器庫があったと言う。どうもフィリップ・ショートは武器庫と第一三一局を間違えたようである。

次に、コン・デュオンの言う地点を訪れた。それまで聞いていた彼の証言そのままの様子がそこにあった。結論としては、最初の第一三一局はタイのトラト市の東南、チャムラックの東方、タイ・カンボジアの国境のギリギリのタイ側にあったと確認した。こうして、私は前著を刊行した。

ところで、第一三一局所在地の確定作業の中で、もう一つ興味深い事実が判明した。第一三一局のあった一帯は、カンボジアの「プルサト州」である。きちんと言うと、最初のタイの第一三一局はプルサト州に接するタイ領内であり、オスオスデイの第一三一局はプルサト州内である。だが、コン・デュオンら第一三一局スタッフは、ここをプルサト州の南部に位置する「コッコン州」だと教えられていた。ポル・ポトは秘密司令部を秘匿するため、身近なスタッフまで騙していた。これも前著に記してある。[3]

また、このことが第四章で取り上げるクリストフ・ペシューの著書の叙述の曖昧さにつながっている可能性がある。詳しくは後述する。

前著の出版までに、私は五年間で六回、パイリンを訪れ、コン・デュオンにインタビューした。訪問を重ねるにつれ、彼の心は開かれて行き、私の質問に何でも答えてくれるようになった。

「今の言ったことはかつてのポル・ポト派の極秘事項です。ロックルー（先生）が発表したら、世界中の人がどうしてそんなことを知っているんだと驚きますよ」

などと言って微笑んでいる。なお、コン・デュオンは「ロックルー」と私を呼ぶ。

ある時は、こうも言った。

「日本からの飛行機代はいくらですか」

と私の懐具合を心配しながら、

「何度でも来て下さい。ロックルーに最後まで付き合います」

と言葉をつないだ。その一つの成果が前著である。世界初公表と思われる内容が含まれている。

オスオスデイに行かねばならない

こうして前著を刊行した。だが、本が完成した後も、どうしても気になることが一つあった。それは二つ目の第一三一局のあったオスオスデイに行っていないことである。第一三一局の全貌をきちんと掴むには、当然こちらも訪問すべきである。とはいえ、そこに行くのは簡単なことではないらしい。だが、折角コン・デュオンが最後まで付き合うと言ってくれているのだから、頼んでみよう。かくしてオスオスデイへの旅が実現した。「はじめに」に記した通りである。

結局、私は二〇一一年の内に三回、オスオスデイを訪問できた。最初は三月下旬、二回目は四月上旬、三回目は八月である。この都合三回の旅には、パイリン市在住の元第一三一局スタッフ、コン・ブンティムの同行も得た。さらには、旅の前後で、他の元第一三一局スタッフにもインタビューした。こうして、先に分からなかったことが姿を見せ、かつ曖昧だったことがはっきりした。

中でも、第一三一局がタイからオスオスデイに移転した時期を初めて明確にできたのは大収穫だった。実は移転の時期についてもフィリップ・ショートとコン・デュオンの見解はぶつかっていた。その結果は、と言うと、両者とも違っていた。結論は全く別のところに収まった。これについては第五章で詳述する。

また、ポル・ポト政権が崩壊した一九七九年の内に、すでにタイとカンボジアのプルサト州をまたぐ一帯に、秘密の抵抗拠点が作られていたと考えられることも明らかとなった。第一章をご参照頂きたい。

本書をお読み頂く前に

ここで、本書の言葉の使い方について述べておく。

まずオスオスデイについてである。二番目の第一三一局はオスオスデイという川の畔に置かれた。このため本来は川の名前であるオスオスデイは「カンボジア側の第一三一局」の呼称ともなっている。

本書では二つの第一三一局について、最初の第一三一局は「タイの第一三一局」、二番目の第一三一局は「カンボジアの第一三一局」と表記する。なお、後者は文脈によっては「オスオスデイの第一三一局」、「オスオスデイ」などとも言う。

一方、本来の川としてのオスオスデイを言う場合は「オスオスデイ川」と記す。「オスオスデイ」は「オ（小川）・スオスデイ」つまり「スオスデイ川」だから、「オスオスデイ川」と書くと重複した表現になるのだが、区別を明確にするために、このようにする。

次にポル・ポト派の呼称についてである。ここまでは日本で人口に膾炙している「ポル・ポト派」との呼び方を用いて来た。しかし、これ以降は「クメール・ルージュ」と記す。日本ではポル・ポト率いるコミュニストの集団を一般に「ポル・ポト派」と呼ぶが、国際的には「クメール・ルージュ（「赤いカンボジア」の意）」との呼称が一般的である。さらにコン・デュオンやコン・ブンティムらの証言を本書では多々引用しているが、彼らが私に話す時も「クメール・ルージュ（クメール語〔カンボジア語〕では『クマエル・クロホーム』）」と言っており、そのまま紹介したいとの思いもある。

以上二点、予めご承知おき頂きたい。

オスオスデイの旅

オスオスデイに行きたいという私の依頼に快諾したコン・デュオンだが、実際には相当不安

カルダモン山脈　空と山が一体化している　2011年8月　筆者撮影

があったようである。オスオスデイは広大で鬱蒼たるジャングルの中にある。どんな車で乗り入れれば良いのだろう。そもそも車で入れるのか。はたまた、コン・デュオンの住むパイリンからは遥か南のカルダモン山脈の中にある。日帰りができる場所ではない。では、どこへ泊まるのか。ひょっとしたら面識もない付近の民家に押し掛け、泊めてもらうこともあるだろう。民家すらなければ、どうするか。その時はジャングルに停めた車の中で眠る以外に術はない。

「ロックルーをご案内します。でも、まずはオスオスデイの現況を調べます」

しばらくして、コン・サンロートから連絡があった。

「オスオスデイ一帯のジャングルを開発

してカジノを建設する計画が始まっています。早く行かないと伐採されます。ただし、最悪の場合、ジャングルの中、車中で寝る覚悟をして下さい。夜のジャングルは足元すらよく分かりません。小用を足すのも怖いです」

その訪問記をここに記す。さあ読者の皆様、私の旅にご一緒して下さい。

第一章　一回目のオスオスデイ——何から何まですべてが新鮮

パイリンの朝　僧侶が家々を訪ね読経する　2011年3月　筆者撮影

いざオスオスデイ

二〇一一年三月二五日、私は成田空港からカンボジアに向けて出発した。カンボジアはそろそろ三〇回になるだろう。コン・デュオンを訪ねるだけでも八回となる。ベトナムの首都ハノイで乗り継いだベトナム航空機で、世界遺産アンコールワットを擁するカンボジア最大の観光地シエムリアップに到着する。シエムリアップ・アンコール国際空港には通訳コン・サンロートが待っている。シエムリアップ市内の定宿のホテルに一泊し、翌朝早々、タクシーでコン・デュオンのいるタイ国境の街パイリンに向かう。カンボジアの道路事情は近年急速に改善されたものの、それでもシエムリアップから国境まで半日はかかる。東京都八王子市の拙宅からだと一日半である。やはりパイリンは遠い。

三月二七日一一時、コン・デュオンと再会した。今回のカンボジアはオスオスデイ訪問のため、それだけである。しかし、出発日は決まっていない。クメール・ルージュを離脱した後、彼はパイリン情報局局長というカンボジア政府の要職に就いている。局長職は多忙である。私の到着時の仕事の状況で判断すると言われていた。さて、どうなるか。

「今から行きましょう。ただし、オスオスデイに行けても行けなくても、明日の夜には必ずパイリンに戻って来ているというのが条件です」

こうしてコン・デュオンの自家用車で出発した。運転はコン・デュオン、助手席は私、後部座席はコン・サンロート。そして、今回はコン・サンロートの隣に同乗者がいた。彼は元第一三一局第九一部門（映像記録担当部門）のコン・ブンティム。現在、パイリン情報局情報事務所副所長を務めている。つまり、コン・デュオンの第一三一局時代からの知り合いであり、今はコン・デュオンの配下にいる。一緒に行こうとコン・デュオンが誘ったのだった。私からすれば、二人の元第一三一局メンバーと訪ねる訳である。調査の条件は整った。

オスオスデイに行くということは

パイリンを出発した車はまず東に向かい、大都市バッタンバン市を通過する。その後、カンボジアの中央にドンと居座る巨大な湖トンレサップの西側の国道五号線を一路南下してプルサト市に行く。そこで西に折れ、オスオスデイのあるタイ国境に向かう。

プルサト州の水田地帯を走り抜けている時だった。運転席のコン・デュオンがクメール語で何か言った。すると、後部座席でごそごそ始まった。と、突然、銃が出て来たのには驚いた。「弾はまだ装着されていませんから安心して下さい」。

ジャングルに入るから持って来たと彼は言う。既述の通り、今夜の宿泊はジャングルかもしれない。ジャングルには獰猛な動物がいる。どんな事態が起きるか予測できない。だから万一に備えたと説明する。ここで本当に理解した。オスオスデイに行くという意味を。何が起こってもジタバタしない。私は肚を括った。

それにしても、コン・デュオンは銃器を政府に拠出したと以前聞いた。それがどうして持っているのか。

「一度出したのですが、政府での地位が上がったので、護身用に許されました」と言ってから、こう添えた。

「今のカンジアは死刑のない国です。いかなる人も他人の生命を奪ってはいけません。護身用の銃ですから、何かあった時は空に向かって撃つとか、相手の足元を撃つとか、そうした使い方に限られます」

威嚇発砲に限られると彼は言う。それはそうだろう。それにしても、「いかなる人も他人の生命を奪ってはいけない」という一言は印象深かった。長い戦争を経験したカンボジアである。その言葉には非常に重いものがある。

ゲストハウス

車はやがて平野部から山岳地帯に入った。そして、まもなく陽が落ちた。カンボジアでは、都市部や国道を除いて街灯がない。だから、陽が暮れると、車内から見えるのは「ヘッドライトが届く範囲だけ」となる。沿道の様子が全く分からない。田畑なのか民家なのか、はたまた山なのか谷なのか、全然見えなくなる。漆黒の闇が車を覆っている。闇に吸い込まれてしまいそうである。対向車がやって来た時はホッとする。

プラマオイの朝、町の中心部にて　2011 年 3 月　筆者撮影

プルサト市から三時間は走っただろう。プラマオイに着いた。カルダモン山脈の中の拠点の一つと聞いていたが、実に小さな集落である。

オスオスデイの秘密司令部は、カンボジアの西部地帯を南北に走るカルダモン山脈の中、タイとカンボジアの国境にある。この旅はカルダモン山脈を横断する一泊二日のドライブである。

二〇時過ぎの山中の街は暗闇に沈んでいた。そんな中、赤、青、黄色のイルミネーションの点滅がかすかに見えた。ゲストハウスの入口だった。何とゲストハウスがあった。今夜の宿が決まった。オスオスデイはまだまだ先である。

遅い時間だったが、食事にもありつけた。鹿肉の野菜炒めとイカの煮付けだった。生まれて初めて鹿を食べた。実は私達が突然到着した時、ゲストハウスのオーナーは食事中だった。夕飯を食べていない私達のために、その場で用意できる唯一の肉である鹿肉で野菜炒めを作ってくれた。だが材料不足で四人分には足りなかったので、彼は自分が食べていたイカをお裾分けしてくれた。何とも言い難い、日本ではあり得ない宿の厚意である。

部屋は実に大変だった。ベッド、バス、トイレ、すべてがどうにも不潔である。部屋の板には隙間がある。夜中に爬虫類や虫類でも入って来そうである。鼠が一匹、颯爽と駆け抜けた。コン・デュオンとコン・ブンティムの部屋にはムカデがいた。コン・サンロートが「我慢できますか」と私を心配してくれる。しかし、ここで寝るしかない。ジャングルよりはましである。夜中に私の身体の上に何が来ようが絶対騒がない。覚悟を決めて、ベッドに横たわった。

後日、コン・デュオンは知人に私を紹介する時、「日本人があんな料理を食べ、あんな部屋に寝て何も言わなかった。そうまでしてオスオスデイに行きたいのかと思った。カンボジアの歴史の奥深くを知りたいというロックルーに畏敬の念を覚えた」と言った。嬉しく、有り難かった。

パノラマ

翌朝六時半、プラマオイを出発した。オスオスデイを目指し、山岳地帯をコン・デュオンの運転するトヨタ・ハイラックスが駆け抜ける。この一帯はかなり涼しい。低地とは空気の色ま

眼下の盆地に広がるジャングルにオスオスデイの第一三一局があった　2011 年 3 月　筆者撮影

で違う気がする。大自然の壮大さが迫って来る。そんな中を車は疾走する。ただ通り過ぎるだけで、現代文明と距離のある生活が垣間見える。

アップダウンを繰り返すうち、突如目の前の視界が開けた。大平原のパノラマが眼下に広がっている。まるで映画の大スクリーンを見るかのようである。壮観。壮観以外の言葉はない。後日、地図で確認すると、ここはカルダモン山脈が西方の海に落ちる手前の山中にできた高地の盆地であった。先にタイの第一三一局を説明する時に述べた「タイのトラト市の東南、チャムラックの東方、タイ・カンボジアの国境」のカンボジア側の一帯である。

車は大平原（高原の盆地）へ降りて行く。やがて大衆食堂が見えた。恐らくこの辺で唯一のものだろう。中に数人の国境警備隊員がいた。かつてここにいたコン・デュオンでも現状はもちろん分からない。彼らに聞いて、おおよその様子が掴めたようである。さあ、いよいよオスオスデイである。時間は八時半。プラマオイから二時間ほどが経っていた。

ところで、二番目の第一三一局であるオスオスデイはこの高地の盆地にあった。一方、最初のタイの第一三一局は高地を降りたところにあった。だから、第一三一局関係者はカンボジア側に来ることを「上がる」、タイ側に行くことを「下がる」と言う。以後の証言でこれを聞く。予めここで述べておく。

グッドタイミング

国境警備隊員のバイクの後をコン・デュオンの車が付いて行く。凄まじいまでのデコボコだが、間違いなくこれは道（として作られたもの）である。やがてバイクは国境警備隊駐屯地に到着した。タイとの国境を監視する重要地点である。

コン・デュオンとコン・ブンティムはしばらく駐屯地一帯を歩き、周囲の様子を眺めていた。そして、驚きと共に言った。

「ここは昔のチェックポイントです。『63』です」

周囲の様子は一変しているが、国境のチェックポイントは、クメール・ルージュが抵抗していた時、「63」地点と呼んでいた場所[▼2]と変わっていなかった。

ということは、この目と鼻の先に、二〇〇九年一二月、コン・デュオンと一緒に訪れたタイの第一三一局があることになる。私の第一三一局調査もいよいよタイとカンボジアの両方からとなった。「点」が「面」になって来た。

コン・デュオンが何かを探すように歩いている。

「確かこのあたりにタイから持って来たババナの木を私は植えました」

と言っているが、残念ながら、今はない。

「『63』はいつも通っていましたが、こんな風に周りは見えませんでした。昔はジャングルの中でした」

と彼は言う。今は周りの視界を遮るものは何もない。さらに彼はこうも言う。

「先の大衆食堂も、そこからここまで来た道も、すべて鬱蒼たるジャングルの中でした」。あたりの様子が一変してしまったと彼は感嘆する。ただ、幸いなことにオスオスデイ一帯に関してはまだ残っていた。

「『ポル・ポトの家』の周辺は切られていませんよ」

と、わざわざやって来た私を安心させようと、国境警備隊員が微笑みながら教えてくれた。聞いてみると、彼らはかつてのオスオスデイの秘密司令部全体の詳細は承知していない。しかし、ポル・ポトが潜んでいた場所だけは分かっていて、「ポル・ポトの家」と呼んでいる。良かった。間に合った。

伐採が進んだのはごく近年のことだった。コン・デュオンとコン・ブンティムの話を聞いていた古手の国境警備隊員がこう言った。

「私が一九九九年に来た時も広大なジャングルが広がっていました。車が通れないから歩いて来ました。橋もなく川を歩きました。蛭《ひる》に一杯喰い付かれました」

別の古手も語り出した。

「その通りです。川を渡る時は蛭も嫌でしたが、鰐に喰われるのではないかと怖かったです。それに、背が低い私は銃と荷物が濡れないように、こんなふうにして渡ったものです」と、両手を上にして見せた。

一九九九年に九人、二〇〇〇年に多数の国境警備隊員が派遣されて来た。その頃はプラマオイまで車で行き、後は徒歩だった。そういえば、昨日のゲストハウスのオーナーは「十数年前にプラマオイに来て開店した。歩いて来た」と言った。あの一帯もかつてはジャングルだったらしい。ということは、一九九〇年代後半でもプラマオイに車の入れる道が通じていなかったことになる。これでは、普通の人がカルダモン山脈を越えるのは事実上不可能である。ジャングルで寝る覚悟だったコン・ブンティムは、プラマオイにゲストハウスがあるのを見て安堵していた。

後日、手元のカンボジア全図を見た。二〇〇四年版にプラマオイの町は記されているが、道

国境のチェックポイント（かつての63地点）にて国境警備隊員と会話するコン・デュオン（中央）　うしろ向きの白いシャツはコン・ブンティム　2011年3月　筆者撮影

は町の手前で終っている。しかし、国境警備隊の証言に従えば、この年はすでに通じていたはずである。地図に反映するのに時間がかかったのだろう。そして、その四年後に購入したカンボジア全図ではプラマオイに通じている。そしてさらに国境にまで至っている。つまり、車でオスオスデイに行けるようになったのはつい最近のことだった。オスオスデイに連れて行って欲しいとは、山岳地帯のジャングルを知らぬがゆえに言えたことだった。だから、私を案内すると約束したコン・デュオンは、どうすれば無事に行けるか真剣に悩んでいたのだった。

オスオスデイ訪問を終えた今、振り返ってみれば、私のオスオスデイへのアプローチは見事なまでについていた。車道

オスオスデイの秘密司令部は眼下のジャングルにあった　2011年3月　筆者撮影

は通じ、ゲストハウスも大衆食堂も生まれていて、そして、オスオスデイのジャングルそのものは切られていなかった。絶妙のタイミングだった。

そこにポル・ポトがいた

オスオスデイのジャングルに通じる現在の入口は、大衆食堂とチェックポイントの中間あたりにある。国境警備隊に教えられ、そこに向かった。途中の道端に数少ない家があった。この一帯にはほとんど民家がない。

その家には夫婦と子ども二人がいた。夫は「『タ・モクの家』はすぐ先だ」と言った。ポル・ポトと、クメール・ルージュの武闘派将軍タ・モク[3]を混同していた。珍しく民家が目に付いたので停車させただけだったのだが、その家の前から見た光景は見事だった。坂の下に一面のジャングルが広がっていた。ここがオスオスデイの司令部である。そこにポル・ポトがいた。ついに私は来た。

今さら地雷を踏みたくない

今のオスオスデイの入口には、国境警備隊が目印にするために切り残した大きな木が立っていた。そこからジャングルを切り開いた細い道が通じている。車は入れない。この道もかつてはなかったと二人は言う。

　コン・デュオンが先を行く。その後にコン・サンロートが付く。いつものことだが、コン・デュオンの近くにいて、彼の独り言さえ逃さない。それを日本語にして私に伝えてくれる。だから、私はコン・サンロートのすぐ後ろにいる。従って、コン・ブンティムが最後となる。しばらく歩くうち、コン・デュオンが後方のコン・ブンティムに何か言った。そのクメール語は少々きつかった。「記録係がそんなに後ろでどうする」と言ったらしい。コン・ブンティムは元第一三一局第九一部門（映像記録担当部門）であり、今はパイリン情報局に勤務する現役である。つまり、映像のプロである。コン・デュオンにすれば、一九八五年にベトナムに追われ▼4て以来二六年ぶりに来たオスオスデイなのだから、もっと積極的にみんなの写真を撮れというのである。確かにコン・ブンティムの動きは鈍い。私との間が随分開いてしまっている。

　だが、そうなるには理由があった。彼は地雷を怖がっていた。真顔でこう言った。

「戦争を生き抜いて、折角、今日まで五体満足で生きて来ました。それなのに、平和になった今になって地雷を踏みたくありません。確実な道をゆっくり歩きたいのです」

率直にして悲痛な心情の吐露である。コン・デュオンとて同じ思いだが、コン・ブンティムの方がさらに慎重だった。

私も今いる場所を理解した。踏み固められた道だけを慎重に歩くことにした。

清流オスオスデイ川

やがて一面の草むらに出た。目前には、またジャングルが広がっている。ジャングルの手前の急な坂を降りると川があった。これがオスオスデイ川である。これでとうとうカンボジアの第一三一局にも足を踏み入れた。

カンボジアを流れる川は大半が黄土色に濁っている。だが、このオスオスデイ川は清流だった。この国では余り見かけないきれいに澄んだ水が滔々と流れていた。魚が泳いでいるのが見える。コン・デュオンらは良く獲って食べたと言う。特に制約はなく、獲った分、自分のものになった。

清流は巨石の間を流れて行く。このあたりは大きな岩が露出している。カレンダーの写真になるような美観である。かつて、ここで涼を取りながら野外調理で食事をした。洗濯もした。身体も洗った。中国からの賓客ももてなした。この上流約一キロに警備隊がいた。こんなことを教えてくれながら、コン・デュオンとコン・ブンティムは岩の上を歩き回っている。岩の上

岩場を流れるオスオスデイ川の清流 2011 年 8 月　筆者撮影

に地雷はない。

現場に来てこそ実感できる。ここは飲料水に困らない。魚も獲れる。一面の岩場は雨季と乾季で様相の変わる地面と違い、さながら「天然の舗装」である。多目的に使えるだろう。ジャングルの中では得難い空間である。ここは秘密基地に適している。

これで十分

この岩場の先のジャングルの中に第一三一局の諸施設があった。私は当然、そこも訪問するものと思っていた。だが、コン・デュオンは行こうとしなかった。コン・ブンティムも同様だった。理由は地雷である。国境警備隊に聞いていたらしい。ここまでの踏み固められた道と岩場は良い。だが、この先のジャングルは危ない。

「帰りましょう」。コン・デュオンが言った。あっちが「ポル・ポトの家」、こっちがラジオ局など、大体の方向を聞いて引き上げた。正直、心残りだった。だが、相手が地雷では如何ともしがたい。これで十分だ。私は自らに言い聞かせた。

オスオスデイのジャングルを出た後、コン・デュオンはしばらく近隣一帯を走っていた。大きく変わっているとはいえ、車を走らせることで記憶を甦らせようとしていた。カジノの建設にあわせ、大きな道路工事が行われていた。近くにはマーケットが作られつつあった。

車はやがて国境の別のチェックポイントに到着した。ここもかつてよく行き来したと二人は言う。さとうきびジュース売りのカンボジア人母娘がクメールの微笑で迎えてくれた。作り方は沖縄と同じである。茎を大きな上下の回転筒に挟み込み、回して潰して汁を取る。

長閑な田舎の風景だった。カジノができたら、この母娘の生活も激変するのだろうか。

リエッチ

帰路に着いた。車はパイリン市を目指し、来た道を戻る。プラマオイを経てプルサト市へ、そこから北上してバッタンバン市へ、そして西に向かってパイリン市へというルートである。

約五時間後、プルサト市の手前のリエッチという小さな町に到着した。コン・デュオンの思い出の場所である。ポル・ポト政権崩壊時、逃げるコン・デュオンら無数の群集を、ここでタ・モクが北部の地域に追い返した。このまま先に行かせると、彼らはすでにベトナムに占領された南部の地域に入ってしまう。それではクメール・ルージュ支配下の民衆が減る。だから、強引にもと来た道を戻らせた。

「カンボジアに侵攻したベトナム軍から逃れるため、プノンペン方面から多くの人が北部に向かって逃げました。逆に、クメール・ルージュによって北部に強制移住させられていた人々は南部の故郷を目指しました。両方がこの一帯でぶつかって大混乱が起きていました」と、コン・デュオンが往時を振り返る。

二〇一一年三月二八日、リエッチの川辺は静かだった。涼を取るカップルや家族が佇んでいた。

こんなことがあるのか

リエッチのすぐ先にプルサト市がある。

「プルサトで知人に会いたい。ちょっと挨拶をしたい」

リエッチでコン・デュオンに、そう言われた。国道沿いのレストランに男女数人がビールと食事を用意して、コン・デュオンを待っていた。そのうちの一人がオスオスデイ訪問を聞いて、私に言った。

「国境警備隊に地雷を除去させて、『ポル・ポトの家』まで案内させましょう」

コン・サンロートの通訳を聞いた時、我が耳を疑った。本当にこんなことがあるのか。天にも昇る気分だった。

実は数日後の三一日、コン・デュオンは、このプルサト市で大きな会議がある。だから、その日の会議終了後の夕刻、もう一度、出かけよう。これが瞬時で決まってしまった。私はコン・デュオンとコン・サンロートに申し訳ない気持ちで一杯だった。たった今、カルダモン山脈横断を終えたばかりである。だが、二人は言う。

「ロックルー（先生）の調査・研究を助けることで、私は人生を振り返る機会を得ています」とはコン・デュオン。

「カンボジア人でも普通なら入らないところに行って、普通なら聞けない話を聞いています。外国人（永瀬）の世話をするのは面白いです」とはコン・サンロート。二人の厚意が身に沁みる。

旧交を温めたコン・デュオンは酔い潰れた。この先の運転はコン・サンロートに代った。パイリンに着いた時、日付は二九日になっていた。

なお、この私に降って湧いた幸運はコン・デュオンの「仕掛け」ではなかった。正真正銘のハプニングだった。

オスオスデイの復元

二九日朝、コン・デュオンの情報局に招かれた。彼の酒が抜けたか心配だが、いつものこと

滔滔たるステングメートックの流れ　2011年8月　筆者撮影

だと笑っている。様相が一変していたオスオスデイ一帯について、今朝起きてからずっと思い返していたと言う。やがて眠気眼でコン・ブンティムがやって来た。グーグルアースを見ながら、二人の協議が始まった。

「今、デュオンさんが○○の位置についてチーさんに確認しています」

チーとはコン・ブンティムのニックネームである。なぜそう呼ばれるかは、補章のコン・ブンティムの半生をご参照頂きたい。

「チーさんが違うと言っています」

「やっと○○についてはっきりしたようです」

コン・サンロートが、適宜、状況を教えてくれる。

私もしばしば体験することだが、「AとBの間の距離」あるいは「AとBの位置関係」について、自分が持っている感覚と現実にはずれがある。近いと感じていた場所が実際には思う以上に距離があったり、漠然と南だと思っていたところが正確には東だったりする。

それに実は彼らは第一三一局スタッフであるにもかかわらず、オスオスデイの中を自由に歩くことが許されていなかった。さらにはポル・ポトの家の周辺は立入禁止で、近くに行くには許可が必要だった。だから、こうしたやり取りをしながら、位置の確認をしなければならない訳である。コン・デュオンは何度も何度も白紙に地図を書き直した。

「ここは昨日立ち寄った大衆食堂です。横の川はステングメートック（メートック川▼5）です。それからここが『63』、国境警備隊です。そして、こう行くとタイです。それから、ここが昨日、写真を撮った岩場。このあたりにラジオ局があって……、『ポル・ポトの家』はこの辺です。いやいや違います。ちょっと待って下さい。全体にちょっと変です。当時の道はこうなっていました。それで、この道はここで別れて……」

こんなことを言いながら、彼はまた新しい紙を手にする。書き直す度に微妙に変わる。

こうしたプロセスを経て、ようやく全貌が見えた。それが「三派連合政府時代のタイ・カンボジア国境に於けるクメール・ルージュ抵抗拠点図」（以下「抵抗拠点図」）である。二人の元第一三一局スタッフによって復元された。これは恐らく世界初公表だろう。本書刊行の大きな目的の一つが、この図の提示である。▼6

図の説明をしよう。

「63」は、既述の通り、国境チェックポイントである。そこから、かつてはジャングルの中をクネクネした七キロの道があり、やがて道は、オスオスデイ川の手前約五百メートルで三本に別れた。真ん中の一本はそのまま車が入れた。それはポル・ポトの家（慰霊塔の丘の麓＝詳細は第三章）につながっていた。コン・デュオンもコン・ブンティムも直進したことがない。

左に進んだ道は第一三一局のスタッフのいる一画に続いた。

右に行く道は第二七部門と第一八部門、すなわちラジオ局に向かった。

「岩場」は私が足を踏み入れたオスオスデイの清流に洗われる美しい場所である。

国境沿いにある「チョー1《ムオイ》」は武器庫である。カンボジアとタイの国境をまたいでいた。おおよそ九〇％はカンボジアの平地であり、残りはタイ側の斜面にあった。同じく国教沿いの「チョー2《ピー》」は病院である。こちらはすべてカンボジア側の平地にあった。コン・ブンティムは一時、チョー1で働いていた。周辺に武器庫のスタッフのための住居があった。約三百人が働いていた。これについては、補章をご参照頂きたい。

ステングメートックに架かる橋と「63」の間の「プテア2《ピー》」は兵士とその家族の家である。百軒以上あった。ちなみに、「プテア」はクメール語で「家」だから、「プテア2」は「第二住宅」と言ったところである。ただし、第一住宅はなかった。「第一」がないのに、いきなり「第二」と言うのはポル・ポトの情報撹乱の手法だろう。

現在の大衆食堂の北、ステングメートックの畔には、大砲が据えられていた。
大衆食堂の近くの橋は当時からあった。ただ、その橋は戦争で壊された。現在の橋は、ポル・ポト時代に作られた橋の土台を利用して、近年再建されたものである。

天然の要害

帰国後、この「抵抗拠点図」を、詳細な地図に重ねて、じっくり眺めた。
基地の東方を、ステングメートックが蛇行しながら、南北に流れている。

クメール・ルージュ抵抗拠点図

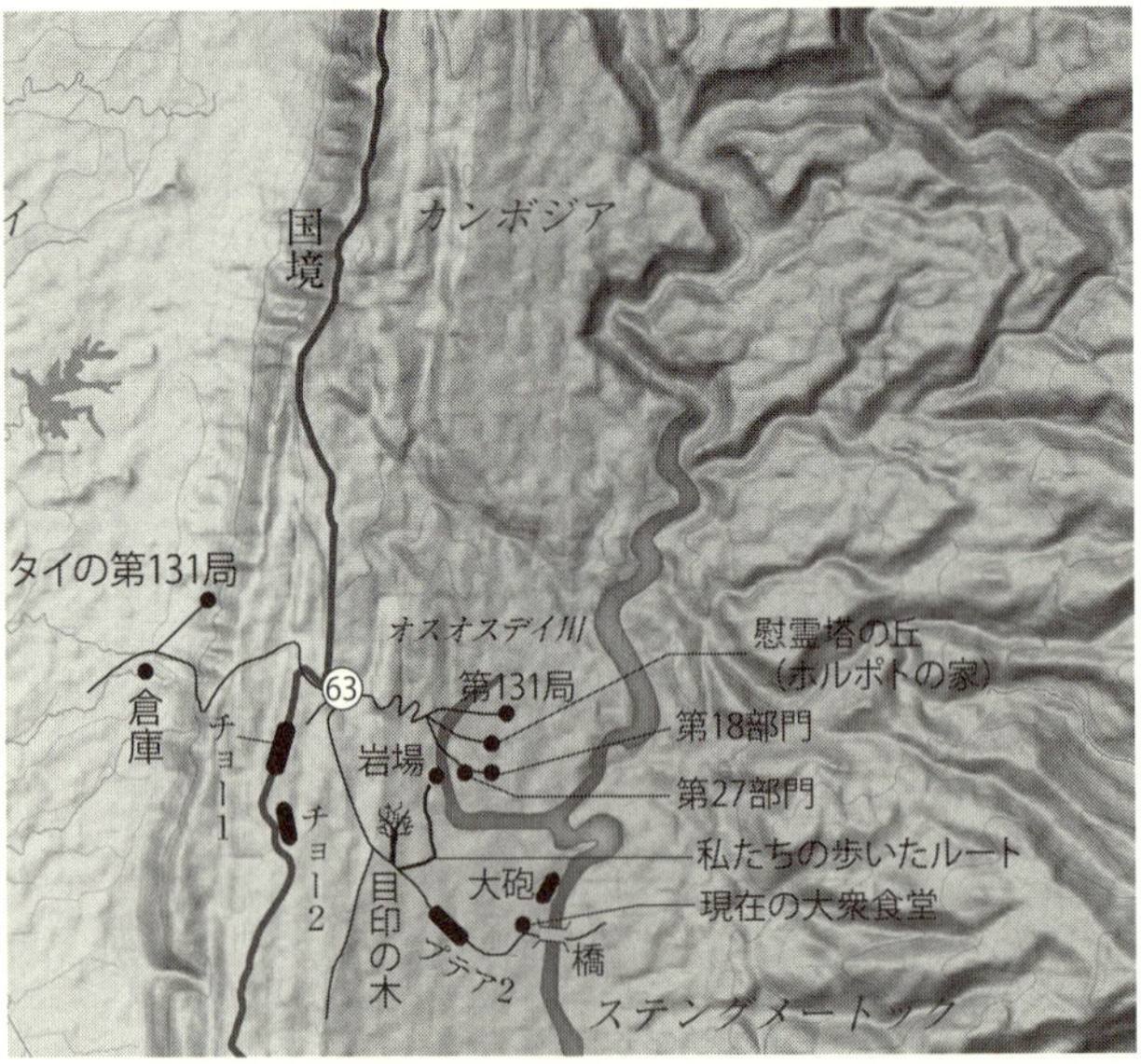

ない。ここに示した配置はかつてそこにいたコン・デュオン、コン・ブンティムの二人
〔コン・デュオン手書きの原画より作成〕

西方には、支援国タイとの国境線がステングメートックに並行するように南北に走っている。

その間は、かつてはすべてジャングルだった。広大な鬱蒼たるジャングルが展開していた。

その中をオスオスデイ川の清流が弧を描いて流れて行く。

そのオスオスデイ川の流れに囲まれた一画に、ポル・ポトは秘密の司令部を置いた。


つまり、以下のようである。


ステングメートックとタイ国境が外濠。

オスオスデイ川が内濠。


三派連合政府時代のタイ・カンボジア国境に於ける

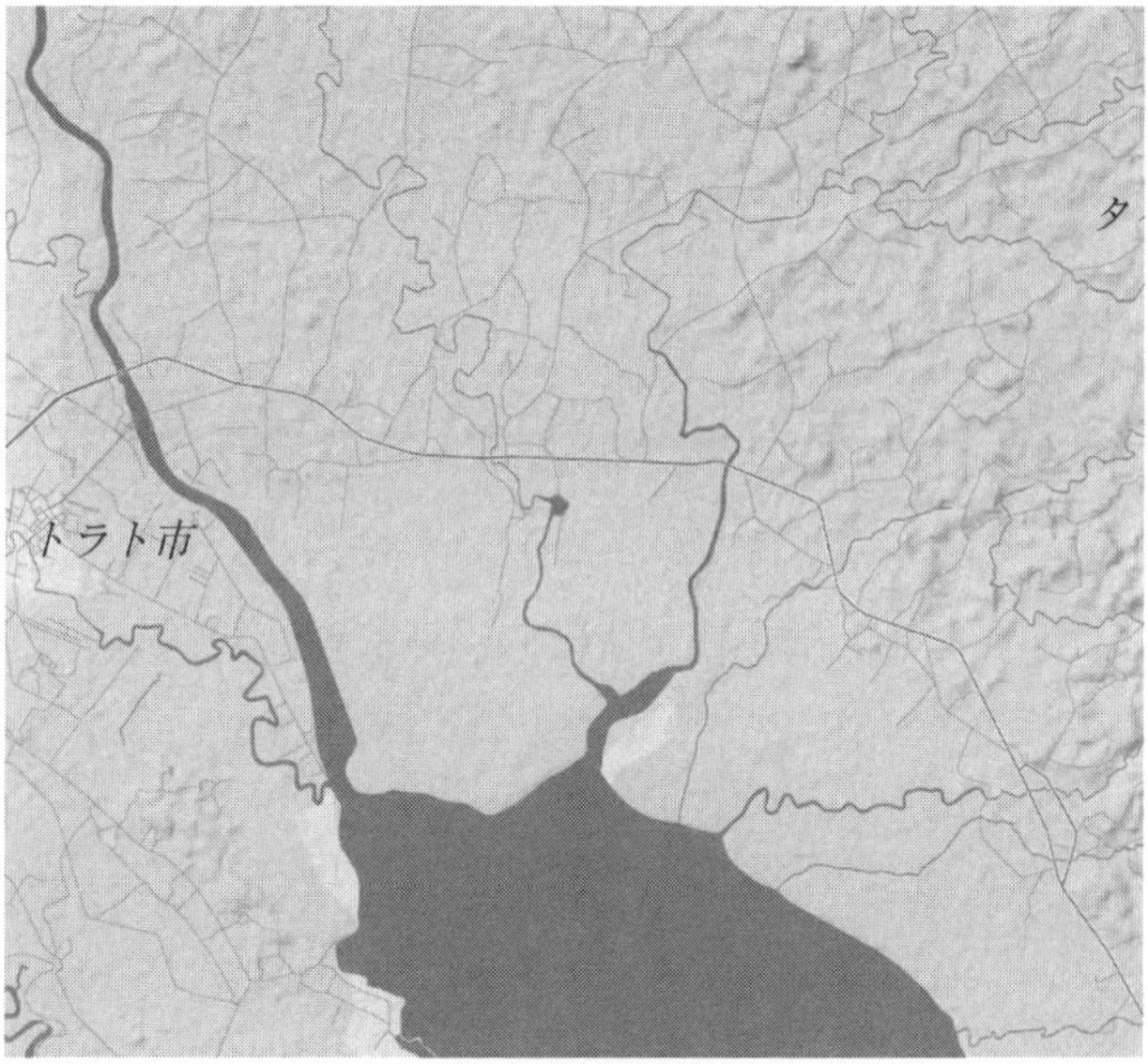

オスオスデイのジャングルの中の第一三一局の諸施設の位置はピンポイントでは分からが感覚的に捉えたものである。

オスオスデイ川の清流は生活用水。
そして、ジャングルは目隠し。
ステングメートック方面からの敵に対し、渡河させぬために大砲がある。
緊急時には橋は当然、破壊するのだろう。
もし敵が川を越えたら、そこにはプテア2がある。この人達も応戦し、盾になる。
大事な武器は国境をまたいで置いてある。すぐにタイに搬入できる。
病人は移動が大変だから、すぐにタイに入れるよう、病院は国境の上にある。
実によくできている。

抵抗拠点の顛末

コン・ブンティムの人生は興味深いものがある。補章に詳しくまとめてある。彼は一九八〇年一月早々、チョー1にやって来た。その時、チョー2、プテア2などもすでにあった。つまり、第一三一局がタイからオスオスデイに移転するのは一九八三年末（詳細は第五章）であるが、彼の証言から、オスオスデイに移る以前の一九八〇年一月の時点で諸施設はオスオスデイ一帯にすでにあったことが理解できる。

実はベトナムがポル・ポト政権を倒した翌月の一九七九年二月から三月にかけて、中国は「懲罰」と称し、中越国境を越えベトナムに侵攻している。中国の意図は、そうすることでベトナムがカンボジアに投入できる兵力を減らし、戦争が可能な乾季の間にクメール・ルージュが潰れないよう（つまり戦争が困難になる雨季までクメール・ルージュを保たせるよう）にすることであったと、今川瑛一や木村哲三郎は言う。[7]ところで、最初の第一三一局がタイ領内に作られたのは一九七九年七月[8]である。タイの中に置くに当っては、中国やタイ、そしてアメリカなど関係国の協議が当然なされたことだろう。だから、七月にできたと言っても設置までには、ある程度の日数が必要だったはずである。そうなると、中国はクメール・ルージュの保護を図る一方で、それと同時にクメール・ルージュの抵抗拠点の準備をしていたと考えても良いだろう。秘密司令部第一三一局の設置は中越紛争と連動する政治的文脈で読み取ることができよう。[9]そして、同年の内には、国境を挟んだタイとカンボジアの両方にまたがる広い一帯に総合的な抵抗拠点が整備されていたのである。これは三派連合政府時代のカンボジアを理解する上で、従来知られていなかったことではないだろうか。

UNTAC が展開していた 1993 年頃のコン・デュオン。タイ領内で撮影　コン・デュオン提供

一方、オスオスデイの第一三一局の終わりは一九八五年一月である。この時、ベトナムの攻撃でオスオスデイは放棄された。周辺の諸施設も当然この時が最後であろう。だから、「抵抗拠点図」に示された一帯が機能していたのは一九七九年七月あたりから一九八五年一月の間となる。米ソ対立と中ソ対立が生み出した秘密の抵抗拠点は五年半の命だった。

第二章　二回目のオスオスデイ――天のプレゼント

カルダモン山脈の夕焼け　2011 年 4 月　筆者撮影

コン・デュオンが行けない

三月三〇日夜、コン・デュオンの車でプルサト市に向け出発した。今回もコン・ブンティムが一緒である。翌三一日夕刻までコン・デュオンを待って、オスオスデイを再訪する手筈である。三一日は、ただ時間を潰して待つだけの長い一日になった。

一六時頃、やっとコン・デュオンが待ち合わせたホテルのロビーにやって来た。だが、彼の顔は曇っている。

「プノンペンで急な仕事ができた。要人絡みだから断れない」

これは困った。国境警備隊と、明日の朝、例の大衆食堂で落ち合うことになっている。さあどうする。

――行くか、行かないか。

行く。

――移動手段は。

タクシー。コン・デュオンの車は仕事で使う。

――私への説明は。

コン・ブンティム。ただし、彼はかつてポル・ポトの家に行ったことがない。遠くから眺めたこともない。

こうして行くと決めたのだが、ところがすぐに出発できなかった。理由はタクシーである。

カルダモン山脈を越えてタイ国境に行く一泊二日の仕事の引き受け手がどうしても現れない。実は一人、ＯＫと言ったのだが、電話で事情を聞いた彼の妻が許可しなかった。諦めかかった頃、一人しぶしぶ承知してくれた。

出発が遅れたから、すぐに陽が暮れた。真暗闇の山道を、ノーマルタイヤの普通車が走り行く。宿泊はプラマオイのゲストハウス。部屋の様子はもう分かっているから、さっさと寝た。夕食は、車内でパンをかじって済ませておいた。

翌四月一日、またカルダモン山脈の大自然を堪能する。周囲は、三六〇度、大森林。アップダウンの山道が続く。と、その時、突然、ボンネットから煙が出た。このタクシー、決して新しい車ではない。ドライバーには後悔の色がありありだ。応急措置で何とか車の機嫌を直し、やっとのことで大衆食堂に到着した。

ジャングルの踏査

国境警備隊の出迎えを受けた。副隊長など三人の案内で、目指すは「ポル・ポトの家」。例の目印の木からジャングルに入り、草原を越え、オスオスデイの岩場に至る。数日前の再現だ。

途中、草むらで一人の国境警備隊員が何かごそごそやっている。彼は地雷を掘り出して持って来た。やがてまたごそごそやっている。今度は不発弾を持って来た。私へのサービスということだろうが、どうにも気持ちの良いものではない。彼はこの拾得物を近くの切り株の上にひ

オスオスデイ川に向かう途中、道の真ん中に踏みしめられた地雷が顔を出していた　2011年8月　筆者撮影

ょいと置き、そして、そのまま行ってしまった。数日前に諦めた岩場の先のジャングルにいよいよ進入した。ジャングルの中にも道があった。とはいえ案内があって初めて道だと分かる代物である。やがて道は消えた。しばらく道なき道を歩く。すると、また道らしきものが現れた。案内してくれる副隊長は「長い間、誰も入っていないから道がなくなった」と言う。錆びて壊れた銃が落ちていた。地面に散乱する木や竹に足を取られ、私は一度転倒した。

先日の話では、国境警備隊によって地雷は処理されているはずだった。だが、実際は彼らは何もしていなかった。率直なところ、この国では約束通りにならないことが少なくない。だが、改めて考えてみれば、私のような名もなき一民間人のために、国境警備隊がそんな面倒なことをやっておいてくれると思う方が間違いだった。

しかし、これは事が事である。地雷である。笑って済ませる話ではない。

「『ポル・ポトの家』に行くルートは知っています」と国境警備隊副隊長が言う。実は二〇〇四年、ここで火事が起き、半月ほど地雷が次々と爆発を続けていたらしい。森林の火事は地雷除去になるのだそうだ。長く続く爆発音にタイ軍が問い合わせて来たほどだった。[1] その後も二〜三度、燃えたと言う。

「だから、入れるのです」とも彼は言う。確かに黒く焼け残った樹木があちこちにある。これが地雷「除去」の現実だった。この進入は副隊長の経験と勘に負っていた。しかし、彼とて己が身を敢えて危険にさらすはずもない。後ろを慎重に付いて行けば、問題はないだろう。私はそう言い聞かせて、「ポル・ポトの家」を目指して歩いた。

それにしても火事の後、もうこんなに木が生えている。

「火事があっても、すぐに木は生えます」と副隊長。自然の生命力は逞しい。

とんでもない場所

やがて茂みの中に小川が見えた。岩場から流れて来たオスオスデイ川である。川幅は随分狭くなっている。そこから一気に丘を登る。平坦な場所でさえ、私の息は上がっている。それがさらに上りである。本当に大変だ。

丘の斜面も草木で覆われている。時には足元の土が崩れ、転倒しそうになる。先を行く国境警備隊員が差し出す手や近くの樹木につかまりながら頂上を目指す。途中、溝のような穴があった。塹壕であろう。「ポル・ポトの家」は、そのすぐ上だった。目印の木から約三〇〜四〇分が経っていた。コン・ブンティムにとっても初めて見る「ポル・ポトの家」だった。

「ポル・ポトの家」は今は跡形もない。ただ、大きな穴が残っているだけである。一部、礎石らしきものが地面から顔を出している。

「大穴の上に、かつて木造、トタン屋根の家がありました。六年前にはまだ残っていました。穴は地下室です。ここに家があることがいつの間にか地元民の知るところとなったのでしょう。家は解体されてしまいました。廃材は自分で使うこともあるでしょうが、金属類は売って収入にできます」と副隊長が言う。

穴に降りて行こうとは思わなかった。地雷が怖い。そうは言っても、このために苦労してやって来たのである。せめて全貌は撮影しておきたいと、ちょっと外れた草むらに私は立った。その瞬間、コン・サンロートが厳しい口調で私に言った。

「奥に行かないで下さい。地雷を踏んだらどうするんですか」

やっとの思いで来たのに、写真一枚、思うように撮れない。ここは「とんでもない場所」である。

慰霊塔の跡地の密林　この撮影をしている時、コン・サンロートに歩き回らぬよう注意された　2011年8月　筆者撮影

何はともあれ、私はとうとうやって来た。ここは、ポル・ポトがベトナムに抵抗した秘密司令部の中枢である。「とんでもない場所」に私はいる。

＊　＊　＊

その後、国境警備隊からタイの国境警備隊に了解を取り付けてもらい、タイの第一三一局にも足を運んだ。二〇〇九年に続き二度目の訪問である。ただ、ここも地雷の恐怖は同じである。まだきちんと処理されていないと聞いている。従って、前回も今回も諸施設のあった一帯には入れず、周辺部を歩くしかない。だが、オスオスデイの訪問後、その足ですぐにやって来たことで、二つの司令部の位置関係を感覚的に捉えられた。私の第一三一局探究もなかなか面白いものになってきた。

充実の一週間

実は私は、この再度のオスオスデイ訪問では国境警備隊の案内があるのだから、「ポル・ポトの家」以外の諸施設にも足を踏み入れることを期待していた。だが、やはり駄目だった。国境警備隊はそもそも場所を知らないし、コン・ブンティムは大雑把な方向は分かっても、ピンポイントでは分からない。

これでジャングルをさまよったなら、本当に地雷を踏むだろう。「ポル・ポトの家」の確認ができたことで十分である。これが限界だ。ここに立てた幸運に感謝しよう。リエッチでの偶然の出会いが私をここまで連れて来てくれた。

思えば夢のような一週間だった。三月二五日夜、カンボジアに着いてから、国境（パイリン）と国境（オスオスデイ）の間を動き回った。カルダモン山脈を二度も往復した。今日はもう四月一日。帰国便は明後日である。

パイリンに立ち寄る時間はもはやなかった。電話で、「ローク コン・デュオン、ソームオークン チュラウン（コン・デュオンさん、ありがとうございました）」と拙いクメール語を何度も何度も繰り返した。言いたいことは一杯あるのだが、直接伝えられないもどかしさを私は覚えていた。

第三章　三回目のオスオスデイ——やはりコン・デュオン

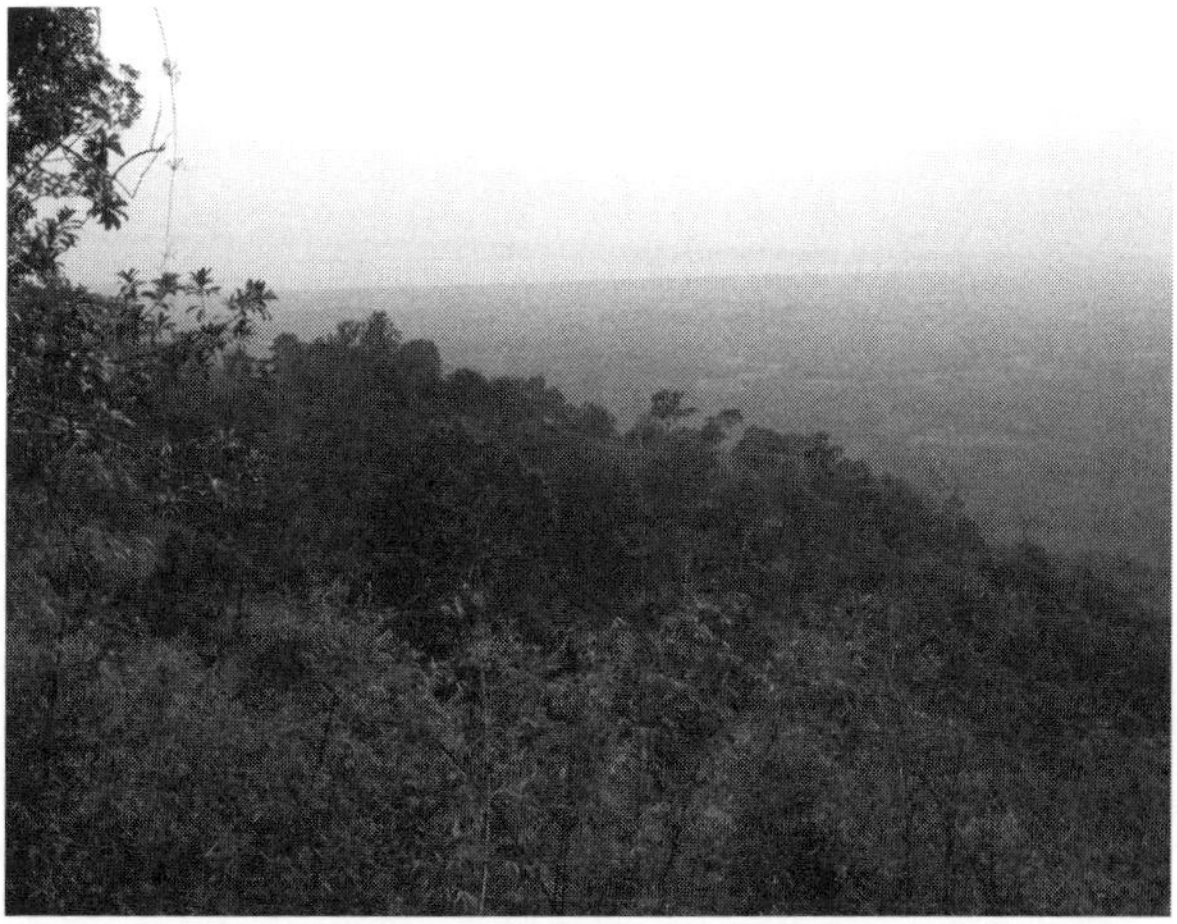

眼下のジャングルにタイの第一三一局があった　遠方にトラト湾が見える　2011年4月　筆者撮影

コン・デュオンと行きたい

帰国後、本稿の執筆を始めた。だが、原稿が進むにつれ、ある思いが段々強くなった。それは「ポル・ポトの家」にコン・デュオンと一緒に行っていないということである。一連の調査・研究はコン・デュオンの協力なくしてはあり得ない。このままだと、「ポル・ポトの家」という核心に彼が同行せぬまま筆を置くことになる。本当にそれで良いのだろうか。「ポル・ポトの家」の現状を見て、彼は何を言うだろう。

私は彼にまた頼んだ。いつもの通り快諾を得た。八月の訪問と決まった。

八月四日、京王八王子駅前からいつも通りの五時過ぎのリムジンバスに乗車した。八時前、成田空港に到着する。いつも利用する空港レストランで朝食を取り、いつも通りの一〇時過ぎのベトナム航空に搭乗する。何度も来たシエムリアップの空港には、例のコン・サンロートが待っている。いつもと同じレストランに直行し、食事が終われば顔馴染みのマッサージ店。一日の疲れをここで癒す。そして最後は、いつものホテルにチェックイン。八王子の自宅からシエムリアップ市のホテルまで一つのパターンができている。

キリングケイブ

翌五日朝、コン・サンロート運転の彼の自家用車で出発した。目指すは国境のパイリン市、コン・デュオン。途中、私が代表を務めるＣＩＣＲ（インドシナ難民の明日を考える会）が支援する村に立ち寄り、プレゼントした井戸を確認した。きれいな水が出ていて、一安心。

シエムリアップ市とパイリン市の間に大都市バッタンバン市がある。ここからパイリン市に向かってすぐの国道沿いにプノムサンパウ（船山）という台形の山がある。ここにはポル・ポト政権時代、処刑のため人を落として殺した崖がある。「キリングケイブ（the killing cave／殺戮の崖）」と呼ばれている。何度も脇の国道は通っているが、これまで登ったことがない。

キリングケイブ　ポル・ポト時代、この穴から下に落として一万五千人を殺した　2011年8月　筆者撮影

今回初めて訪れた。崖から人を転落死させるとは、どんな構造なのだろう。まずは落とした崖の上部を見る。地面に直径数メートルの穴が開いている。恐る恐る下を眺めると、床面まで約一〇メートルはありそうだ。次に下に降りてみる。手すりの付いたコンクリートの階段が作られている。床面はちょっとした広さの空間だった。ここに一万五

千人が落とされたと言う。ガラスケースには多くの頭蓋骨、遺骨が安置され、涅槃仏が見守っていた。

雨季のジャングル

五日午後、パイリン市に到着した。ただし、多忙のコン・デュオンはいつ出かけられるか分からない。結局、出発は八日正午になった。三日間、待った。長かった。

道はもう分かっている。まず目指すはプラマオイのゲストハウス。こちらも、いつもの通りになって来た。翌朝一〇時、例の大衆食堂に到着し、国境警備隊と落ち合った。副隊長の顔が見える。再度の案内を頼んである。

三回目のオスオスデイである。前二回は乾季（三月、四月）だったが、今回は雨季である。乾季と雨季は都市部にいると雨の有無しか感じない。しかし、ジャングルの中は大違いだった。木も草も竹も伸び放題。全くのぐちゃぐちゃである。今にして思えば、苦労したつもりの前二回の前進は楽だった。今回は、私の前進を遮る木や竹が、折れているのか、曲がって伸びているのか、そんなことも分からない。下手をすると、横を向いていた竹が突如むっくり起き上がるから危険である。それらをまたぎ、くぐり、通り抜ける。時には倒れた木の上を、また時には横向きの竹の上を歩いて行く。細い竹は平均台より難しい。一歩一歩確実に踏みしめ、バランスを失わぬよう前に進む。三月の訪問でジャングルを知った気でいた私だが、八月のジャン

真横に伸びた竹の中を進む　先頭は国境警備隊長、すぐ前はコン・デュオン
2011 年 8 月　筆者撮影

グルはそんなものではなかった。人の手の入らない森林が雨水を得るとどうなるか、私は知った。八月に来て良かった。

コン・デュオンが私に言った。「これは本当のジャングルではありません」。今回は国境警備隊長も一緒である。彼も笑って頷いている。私が悪戦苦闘するこのジャングルは、既述のように、火災後の復活の最中である。本当のジャングルは、木がもっともっと高く大きい。このため上方及び前後左右の視界がわずかしか利かず、空や太陽は見えないと言う。確かに今は空がはっきり見える。ということは、上空に飛行機が来れば、下は丸見えである。なるほど、これでは秘密基地には使えない。まだまだ私は分かっていない。

ポル・ポトの家でない

「ポル・ポトの家」の丘の下に着いた。足元の悪い丘を上る。丘の頂上には大きな穴がある。その手前の斜面に塹壕がある。もちろん前回と変わらない。しかし、大変な事実が待っていた。何とここはポル・ポトの家ではなかったのである。コン・デュオンがこう言った。

「この穴の上にあったのはポル・ポトの家ではありません。戦死したクメール・ルージュ兵士の慰霊塔です」

これには驚いた。国境警備隊は「ポル・ポトの家」だと思い込んでいた。四月に同行したコン・ブンティムは元々知らないから国境警備隊の言を信じるしかない。コン・デュオンと来ないまま筆を進めることに躊躇したのは、実にこのためだったと言っても良いだろう。私は危うく嘘を書くところだった。

「この穴は慰霊塔の下に作られた地下室です。ポル・ポトの家は丘の麓にありました」

慰霊塔はタイから引っ越しをして来た時、作り始められた。ただし別のところにあった慰霊塔を移転したのか、あるいは初めて作られたのかは、コン・デュオンは知らない。また、祭られている対象について正確なところも知らない。恐らく一九七九年のベトナム侵攻以来のカンボジア全土での戦死者ではないのだろうかと彼は推測する。

クメール・ルージュの重要会議はこの慰霊塔の中で開かれた。コン・デュオンは参加したことがない。当時ポル・ポトは麓に二番目の妻[▼1]と一緒にいた。その周りにいくつか建物があった。

慰霊塔の跡地　写真中央に大きな穴が見える。後ろ姿は案内してくれた国境警備隊員　2011 年 8 月　筆者撮影

そこでも会議をした。麓の会議にはコン・デュオンも加わった。建物はすべて木造で、屋根はニッパ椰子だった。慰霊塔も木造だが、屋根はトタンだった。

すぐ手前に塹壕があることから、地下室はいざという時の避難所ではなかったかと私は推測した。コン・デュオンは「その通りです。戦争しているのですから、何よりもまず安全を考えなければなりません」と是認した。この地下室も危なくなったら、そこから外に逃げられる出口が裏手にあり、周りの道につながっていた。ちなみに、タイの第一三一局は防衛のために警備兵を六〇名置いていた。オスオスデイに移った時も、六〇名をそのまま連れて来た。だから、第一三一局はどちらであれ、防御は六〇名が担っていた。

慰霊塔の屋根がトタンであることが気になった。雨が降ると、大きな音がして施設の存在を周囲に知らせてしまうのではないのかと考えた私だが、それに対するコン・デュオンの答えはジャングルの何たるかをまた教えてくれた。

「トタンの音なんて全く関係ありません。ジャングルに雨が降ると、雨に打たれた樹木や木の葉の音、増水した川の音などが四方にうるさく響き渡ります。これらの音以外は何も聞こえません」

それは、まるで広大な森林が叫び呻いているかのようだと言う。私には想像すらできない。こうなると、本当のジャングルを体験してみたくなった。一度、彼に相談してみよう。

後日、コン・デュオンに付近の絵を描いてもらった。それが「『慰霊塔の丘』周辺図」である。「慰霊塔の丘」とは、彼の原図に記された名称である。この一画がオスオスデイの第一三一局の中枢である。

この図も本書刊行の大きな目的である。これも世界初公表だと思われる。この一枚の図を手に入れるまでに、私は少なからぬ苦労をした。

慰霊塔の丘周辺図

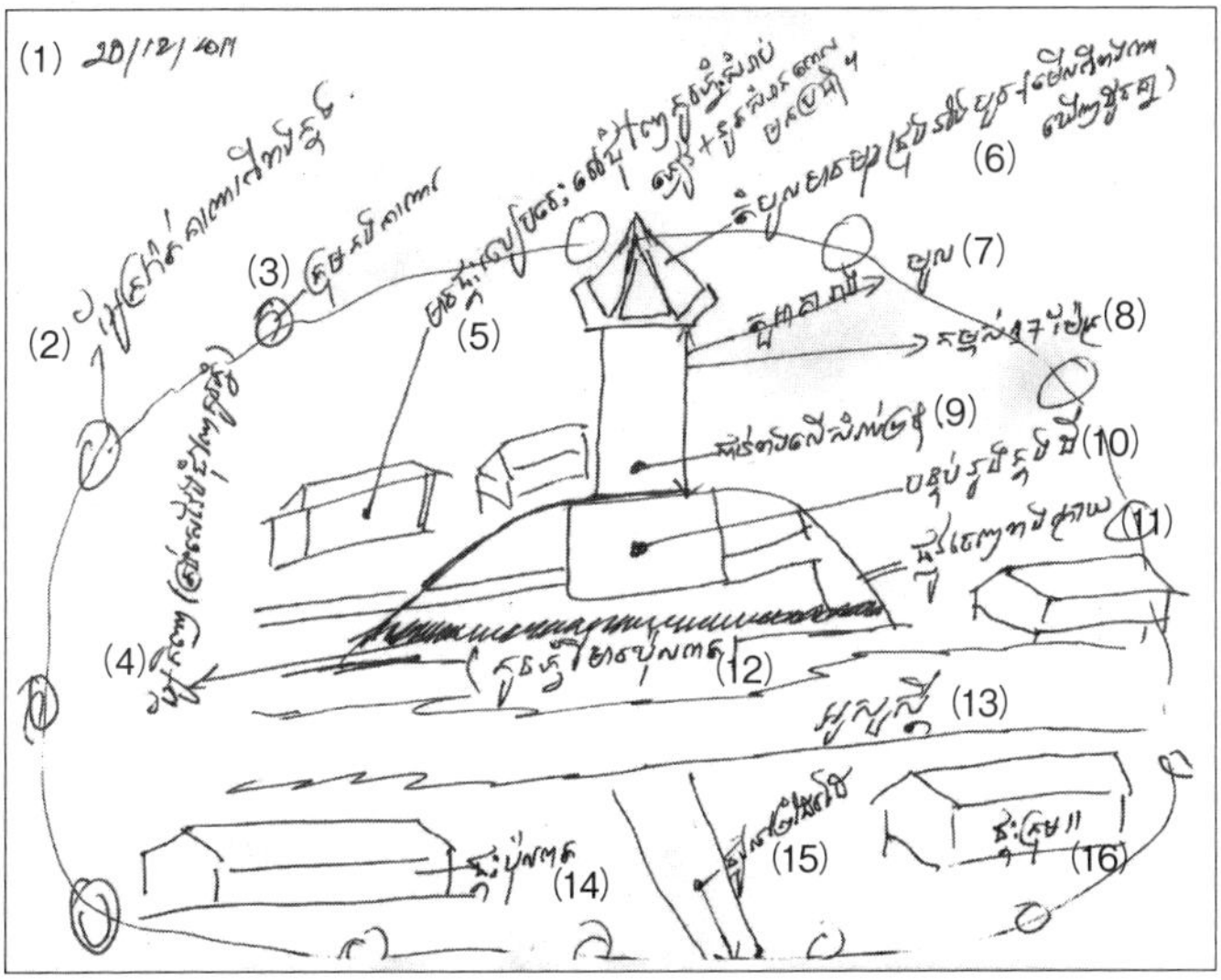

〔コン・デュオン手書きの原画／日本語訳コン・サンロート〕

(1) 2011年12月20日（作成）
(2) 内側の警備ライン
(3) 警備兵の立つ場所
(4) 丘の周りの塹壕
(5) 外国の来賓、外交官の宿泊用建物が丘の周りにあった
(6) 屋根は四面。どこからでも同じに見えた
(7) 丸い形をしている
(8) 高さ十七メートル
(9) 上階はミーティングルーム
(10) 地下室
(11) 裏側の道
(12) ポル・ポトの慰霊塔の丘
(13) オスオスデイ川
(14) ポル・ポトの家
(15) 国境への道
(16) 第十一部門

それにしても、やはりコン・デュオンと一緒でないといけないと痛感した。私は危うく救われた。オスオスデイについて記す本稿で、肝心のポル・ポトの居所を誤ったのでは何をか言わんやである。

本稿は、ここまでずっと「ポル・ポトの家」と括弧を付けて来た。というのは、事前に、実はこれは勘違いであると本当のことを言ってしまったのでは、その場の雰囲気をリアルに伝えられないからである。「ポル・ポトの家（の址）であると国境警備隊が誤認していたところ」との含みで括弧付きで書いて来た。そして、この後も括弧があれば同じである。括弧がなければ、本当のポル・ポトの家という意味において使っている。

他は駄目

このジャングルを歩く限界はもう分かっている。それを重々承知の上で、再訪前、私はコン・デュオンに尋ねてみた。

「抵抗拠点図」の基地の入口に行けないか。その入口から「当時のルート」をたどって、「すべての施設址」に行けないか。

コン・デュオンは答えた。

「基地の入口に通じる道は三月に探しましたが、分かりませんでした。かつての道はなくなっていました」

もはや他の施設を探すのは不可能である。

慰霊塔に着いてから、また言うだけ言ってみた。ここからラジオ局の跡に行けないか。

「この中を歩いてたどり着く自信はありません。それに、元々ラジオ局を守るために地雷を埋めていました。さらにベトナムが攻めて来た時、大量に埋設しました。それがそのままになっているはずです。雨季は地表の土が流れて地雷が地面に顔を出し、その上を草木が覆います。危ないです」

では、せめて近くにあったというポル・ポトの家はどうか。どれくらいの距離なのか。

「ここからだと約五〇メートルだと思います。私はその場所は分かりますが、一九八五年に出て以来、その後の様子を知りません。国境警備隊が安全を確認できないところは、止めておくのが無難です」

こうした返事は予想通りである。だが、このしつこいまでの念入れは、私には大事である。私が書こうとしているのはジャングルの中に置かれた秘密司令部についてである。それが、岩場とポル・ポトの家と勘違いされた慰霊塔にしか行っていないのでは、いい加減な調査だと思われよう。できれば全部の施設が理想である。仮に全部が駄目でも一つでも多く行きたい。それが私の本音である。

そして、もし行けなかったなら、なぜ行けなかったかきちんとした説明が必要である。だから私は粘った。

その結果は、と言うと、この二つだけだった。

ポル・ポトの家と慰霊塔

慰霊塔の丘の麓にポル・ポトの家があったとコン・デュオンは言う。ただし、実際にポル・ポトがそこで暮らしていたかどうか確証はないとも言う。そこはポル・ポトの「仕事場」とでも考えた方が良いようだ。なぜなら、ポル・ポトは用心のため寝るところを色々変えていたからである。誰もポル・ポトの家に入るのを許されなかった。そして誰もポル・ポトの本当の居所を知らなかった。つまり、ポル・ポトは「秘密」基地の中でさえも「公式の家」を置き、その実、誰も知らない「秘密の家」にいたというのである。徹底した秘密主義である。

ポル・ポトが自分の居所をはっきりさせないようにしていたというのは良く分かる。ベトナム軍とクメール・ルージュ軍が対峙する最前線の村人は双方に良い顔をして生き延びていた。[2] そんな村の村長は日々、寝場所を変えた。両方に気脈を通じていると、いつそれぞれから寝込みを襲われるか分からない。そして寝場所を教えてはいけない一番の人物は妻である。そこからばれるおそれが最も高い。地方村の首長でもこれだから、ポル・ポトはさらに慎重だったことだろう。ちなみに、武田信玄も寝所に工夫をし、家臣、妻子にも教えなかった。[3] 今も昔も、いずれの国も、同じことのようである。

でも、ここで一つ疑問が湧く。仮に公式のポル・ポトの家が彼の本当の居所でなく仕事場であったとしても、その近くの建物で会議を行い、かつ五〇メートル程度しか離れていない慰霊塔でも会議を行っていた訳である。つまり、慰霊塔を置いた小高い丘の麓一帯を秘密司令部の中枢にしていたのである。これは却って目立つのではないのだろうか。

そんなことを考えた私に対して、コン・デュオンはこう言った。

「それはそうかもしれません。でも、そうすることで、彼が本当にいるところをもっと分からなくすることができるのではないでしょうか」

なるほど……、この答えに私は唸った。ポル・ポトの慎重さ、用意周到さは並大抵のものではなさそうである。

国境

慰霊塔から岩場に戻り、一息付いた。その時、アーっという大きな喚声が突然起きた。原因は蛭である。ジャングルに入り込んだ私達は、一人残らず全員が蛭に喰い付かれていた。私は左足をやられていた。足の肉に刺さるように喰い込んでいた。コン・ブンティムに至っては、靴下の上からやられていた。尤も死ぬことはないらしい。私が持っていたバンドエイドで応急措置を施した。

かつてチョー1があった一帯　タイ国旗（中央）がはためくのが見える　2011年8月　筆者撮影

蛭騒ぎが終わってから、国境警備隊のトラックでタイ国境を案内された。道がとてつもなく悪い。私がトラックの荷台で色々説明を受けている時、突然、トラックが泥沼にはまった。グワーッというもの凄いタイヤの空回りの音がする。といっても、そこは紛れもない道の真ん中である。国境付近の道は特にひどい。普通の乗用車なら、この凹凸では横転するだろう。ここまでひどいのは、恐らく互いに移動を自由にさせないという政治的、軍事的理由があるのだろう。

チョー1まで行った。かつての武器庫である。現在は一面が背の高い草で覆われている。車では入れない。

トラックを走らせながら、「この木から向こうがタイだ」とか、「あのバナナの木の先はカンボジアだ」などと教えられるが、即座に国境ラインの流れはつかめない。
「この先の一帯がチョー2だ」と聞いて引き返した。チョー1、チョー2については、前掲「抵抗拠点図」の説明をご参照頂きたい。

カンボジアからの祈り

国境警備隊長の家で昼食のもてなしを受けた。彼の妻の手作りだった。埃まみれの国境地帯に建つこざっぱりとした家だった。約二百人の部下を率いるリーダーである。国境警備隊に元クメール・ルージュはいないが、この地域に展開する政府軍には、いるようだ。

食事中、近くに住む元クメール・ルージュ兵の男性がたまたまやって来た。彼が呟いた一言は重大だった。それがきっかけで、一つの事実に到達できた。後述する。

一四時過ぎ、帰路に付いた。パイリン市に着いた時は翌一〇日深夜だった。帰国便は一四日だから、まだ日が残っている。この間を第一三一局関係者へのインタビューやＣＩＣＲの活動に費やした。ある村は深刻な水の問題に直面していた。村長に早急な対応を約束した。

シエムリアップで、車体に日本語と英語の文を書いたマイクロバスを見付けた。

「がんばれ日本　東日本大震災復興に向けて、カンボジアからも応援しております。Pray for Japan from Cambodia」

インドシナ難民の明日を考える会寄贈の井戸で遊ぶ少女　2011 年 8 月　筆者撮影

こんな話も聞いた。テレビで津波を見たプノンペンのバイクタクシーの運転手が被災者のためにと、日本大使館に五ドル持って来た。彼らの五ドルは決して小さくない。

第四章　オスオスデイと私

タイの第一三一局に通じる道　この先は地雷の恐怖がある　2011 年 4 月　筆者撮影

思いがけない話

コン・デュオンが同行しなかった二度目の「ポル・ポトの家」への訪問時、ジャングルの中で国境警備隊副隊長が思いがけないことを私に言った。

「あなたはここに入った初めての外国人です。少なくとも私が赴任した一九九九年以降、ここを訪れた外国人はいません。それ以前は手付かずのジャングルだったから誰も入れなかったでしょう」

——外国のジャーナリストやルポライターなど取材目的で来た者もいないのですか。

「いません」

——カンボジア人はどうですか。

「地元の人は入っているようですが、他からは全く来ません」

八月に同行してくれた国境警備隊隊長は二〇〇四年の赴任である。彼も同じことを言った。そもそもこのジャングルのロケーションからして、そう簡単に外国人はここに近付けなかっただろう。すぐ西のタイ国境にあるのは国際チェックポイントではない。通行は地元民に限られる。一方、東にはカルダモン山脈がそびえている。近年まできちんとした道がなかったこと、そして、この一帯も近年まで広大な未開のジャングルだったことは、すでに述べた通りである。

常識的には入れない。

世界初の招かれざる外国人訪問者かもしれない

クリストフ・ペシュー著『ポル・ポト派の素顔』がオスオスデイに触れている。[1]

クメール・ルージュ軍の総司令部は…（中略）…クロン・ヤイの北、トラッド平原を望むカルダモン山系の第一支脈に囲まれていた。マエ・トエク川（本書ではステングメートック〔メートック川〕）から流れ落ちるオスオサデイという滝の傍に総司令部が設営され、その滝の名にちなんで基地もオスオサデイと呼ばれたのである。（傍点筆者）

カンボジアの西部を南北に走るカルダモン山脈は、その西側の麓が海である。地図を見れば一目で分かるが、このあたりのタイの領土は不自然なほど細く長く南北に伸びている。つまり、タイが山脈の西麓沿いの海岸線を確保している。言い換えれば、カンボジアはタイに海を取られてしまっている。その細長い領土の最南端に近いところにクロン・ヤイの町がある。

二〇〇九年一二月、私はコン・デュオンと一緒に、最初の第一三一局を確認するためタイを訪れたことは何度も述べた。その際、目的を果たした後、折角タイに入ったのだからと、カルダモン山脈沿いの国道をドライブし、クロン・ヤイに投宿した。

ここはタイの第一三一局から南に約五〇キロである。「抵抗拠点図」を見て頂きたいが、タイの第一三一局とオスオスデイの第一三一局は国境を挟んだ隣の関係である。つまり、いずれの第一三一局であれ、その位置を説明する起点とするにはクロン・ヤイは適切とは言い難い。先の引用文の「クロン・ヤイの北、トラッド平原を望むカルダモン山系の第一支脈に囲まれていた」という説明では該当範囲がいささか広過ぎる。

次に、もはや言うまでもないが、オスオスデイは川の名前である。それがここでは滝の名前となっている。念のためコン・デュオンに確認したが、「オスオスデイ川に滝はありません」との答えであった。[2] クリストフ・ペシューはオスオスデイの正確な位置を押さえていなかったと考えて良さそうである。[3]

また、上記引用文の前後の叙述から判断して、クリストフ・ペシューはタイの第一三一局は、その存在を認識していなかったと思われる。[4] タイの第一三一局の記載が見当たらない。[5] それに、同書はオスオスデイの始まりを一九八一年とし、そして一九七九年から一九八一年までは総司令部はカンボジア北部のプレアビヒアにあったとする。[6] 実際はタイの第一三一局が一九七九年に始まり、オスオスデイ移転は一九八三年(第五章参照)である。だから、彼はタイの方は認識していなかったようである。

前著執筆時、フィリップ・ショートの大著『ポル・ポト――ある悪夢の歴史』が不可欠の参考文献だったことは先に述べた。彼の著書を通して、出会ったことのない（とはいえ、彼と私は同じコン・デュオンに取材し、そしてコン・デュオンから何度もその名を聞いて知己のような気がしていた）フィリップ・ショートに教わり、フィリップ・ショートと対話をしているような思いがしていた。

彼はタイとカンボジアの両方の第一三一局の存在を把握している。そして、タイの第一三一局の始まりを一九七九年とした。これは正しい。コン・デュオンら、私の取材した元第一三一局スタッフの証言と矛盾しない。[7] だが、彼は第一三一局の所在地は誤認した。タイ・カンボジア国境付近のトム山に比定した。[8] 実際よりも北方の全く違う地点に求めてしまった。

そうすると、とんでもない可能性が出て来る。

クリストフ・ペシューの『ポル・ポト派の素顔』は日本語版が一九九四年刊行、原書は一九九二年である。フィリップ・ショートの『ポル・ポト―ある悪夢の歴史』は日本語版が二〇〇八年、原書は二〇〇四年である。つまり、クリストフ・ペシューが書いた一九九二年においても、フィリップ・ショートが書いた二〇〇四年においても、第一三一局の場所は正しく認識されていなかったということになる。つまり、一九八三年にタイの第一三一局が放棄され、そして一九八五年にオスオスデイの第一三一局が放棄されるのだが、それ以降、二〇〇四年になっても、この二つの第一三一局の場所は特定されていなかったということになるのである。

つまり、本当にずっと秘密基地のままだったと思われる。

一九九九年以降、オスオスデイのジャングルに入った外国人はいないと、国境警備隊が言った。となると、私は一九八五年に放棄されてから、あのジャングルに入った初の外国人ということになるのではないだろうか。

これは、一九八三年に放棄されたタイの第一三一局についても同じことが言える。二〇〇九年、私はコン・デュオンと一緒に訪ねたが、あの訪問は一九八三年以来、初の外国人だった可能性が考えられる。

一九八五年以前はどうだろう。

パイリンに住む元第一三一局のキム・ウォンによると、「マブチという日本人がクメール・ルージュ支配地域の取材を許可されたことがあった」と私に言った。マブチとは報道カメラマンの馬渕直城であろう。彼の著書『私が見たポル・ポト』の中に「解放軍従軍記」という一節[9]がある。三派連合政府の時代の一九八三年四月から二ヶ月半の取材記録である。それを丹念に読んだが、第一三一局のあるタイ国境と思われる方面には行っていない[10]。キム・ウォンも「マブチは第一三一局には入っていないだろう」と証言した。なお、一九八三年四月時点での第一三一局はタイである。

馬渕はクメール・ルージュに正式に取材を申し込み、許可された上で「解放区」に入っている。彼の著書でも分かるが、クメール・ルージュ支配地域の取材は非常に難しかった。やっと入り込んだ彼が第一三一局には案内されていないということは、他のジャーナリストが案内される可能性は極めて低いと言えよう。

また、一九八一年にはTBS取材陣と社会新報記者谷洋二がタイ国境のクメール・ルージュ支配地域に入っている。その記述[11]も丹念に読んだが、私がコン・デュオンと一緒に訪れたタイの第一三一局（一九八一年時点では第一三一局はタイである）、及び、その一帯を指すと思われる場所は出て来ない。

コン・ブンティムはこう言った。第一三一局がオスオスデイにあった時のことである。

「何年のことかは忘れましたが、私は上からの指示で、一度、（支援国中国の）新華日報の記者三人のお世話をしました。国境一帯を案内しました。しかし、オスオスデイには連れて行きませんでした。よほどの人でないと中に入ることが許されません」

最大の支援国中国から送られて来た新聞記者であっても入れなかった。

コン・デュオンはこう言った。これはタイとオスオスデイの両方の第一三一局についてである。

「誰がポル・ポトを訪ねて来たかは極秘事項ですから、本当のところは誰も知りません。その上でお話しすると、私が知っているのは中国の賓客だけです」

この賓客とは、中国のかなり上位の人としか思えない。

タイ領内に設置させてもらっているクメール・ルージュの倉庫の一帯にさえ、タイ人を入れなかったという事実は前著に記した。その倉庫に収める物資を運んで来てくれるのがタイ軍であるにもかかわらず、である。[12]

以上を総合すると、どちらの第一三一局であれ、それがあった時は、極秘の存在だから立ち入りが極端に制限され、ＶＩＰしか入れなかった。そして、どちらの第一三一局であれ、崩壊した後は、極秘の存在だから所在地は当然分からなくなり、訪れる者はいなかった。そういうことになる。

コン・デュオンは言う。

「私の直感では、ロックルー（先生）が、調査目的で両方の第一三一局に入った最初の普通の外国人だと思います」

「調査目的」とか「普通」とかと言うのは「クメール・ルージュの賓客」でないからであり、「外国人」と言うのは建築資材を盗みに来たような地元のカンボジア人を除くからである。

もちろん厳密なことは分からない。よしんば最初でなくても、ごくわずかの中の一人というのは間違いないだろう。この点、何か情報があれば、ぜひともご教示賜りたい。

最初ということに何の意味があるかと問われれば、尤もらしい答えはない。ただ、気持ちが高ぶるのは事実である。

コン・デュオンの思い

コン・デュオンのオスオスデイは一九八五年以来二六年ぶりだった。

「記憶の奥底に埋もれていた様々な思い出が蘇った旅でした。懐かしく歩きました。魚を獲ったこと、ラジオ放送をしていた時のこと、仲間の顔、おかずが少なくなって困った時のこと、ベトナムに攻められた時の砲弾の音、そんなことがまるで昨日の出来事であるかのように頭に浮かんで来ました」

タイから移転して来て、与えられた一四枚のトタンを使い、ラジオ局の仲間で力を合わせて、それぞれの家を作った。ソーメンをみんなで作って食べた。食べ物が少なくなると、オスオスデイ川に魚や蛙を獲りに行った。病気になると、チョー2や、さらに二～三キロ先のタイ領内の病院まで歩いて行った。

ベトナムに攻められた時の記憶は特に鮮明である。砲弾に当たるか、地雷を踏んで死ぬだろうと思った。死ぬ覚悟があったから恐怖心はなかった。そんなことが次々に走馬灯のように駆

カルダモン山脈にて　コン・デュオンの車を休憩させる　右コン・デュオン　左コン・サンロート　2011年8月　筆者撮影

け巡った。

「捨てられた場所ですから、オスオスデイに二度と行くことはないだろうと思っていました。ロックルー（先生）の研究のおかげで再訪できました。感謝しています」

コン・デュオンはこう言った。この人は本当に謙虚な物言いをする。

第五章　オスオスデイの謎を解く

この一帯がタイの第一三一局だった　2011 年 4 月　筆者撮影

オスオスデイにいつ移転したのか①――ヒントの呟き

国境警備隊長宅でもてなしを受けている時、たまたま近くに住む元クメール・ルージュ兵がやって来た。プノンペンの北方コンポンチナング生まれの六二歳。彼の問わず語りが始まった。

「オスオスデイに一九八四年に上がって来ましたね。私は覚えています」

第一三一局が最初に置かれたタイ領内からカンボジア領内のオスオスデイに、一九八四年に移転したと言う。私もそのように理解している。[1] だが、彼は、次にこう言った。

「初めの頃でしたね」

えっ、いつの初めだというのか。

「一九八四年の初めの頃です」

私は息を呑んだ。そうか。そういうことか。これが一つ課題を解消する契機となった。

どういうことか、簡潔に説明する。

フィリップ・ショートは先に紹介した『ポル・ポト―ある悪夢の歴史』に、オスオスデイへの移転時期を「一九八四年半ば頃」と書いている。[2]「半ば」だと雨季である。念のため繰り返すと、雨季はおよそ六月から一〇月まで、乾季は一一月から五月までである。

これに対して、コン・デュオンは移転を「一九八四年一一月」であると、私のインタビューに答えた。[3] フィリップ・ショートと違うので、その点を質してみたが、彼は「移転は一九八四年の乾季である。乾季の始まった一一月である」とあくまでも譲らない。ただし、「雨季に準備が始まっていた」とも言ったので、私は「一九八四年半ばの雨季に準備を始め、乾季の一一月に完了した」と捉え、「一九八四年後半に準備や引っ越しなど一連の移転作業がなされた」と前著に書いた。[4]

しかしながら、この結論にはクリアすべき問題があった。ベトナムは一九八四年一一月からクメール・ルージュに対する乾季大攻勢を始めている。[5]従って、これではオスオスデイ移転とオスオスデイ攻撃が同時期になってしまう。本当にそうならば、いくら何でもコン・デュオンに強烈な記憶が残っているだろう。だが、彼は同時期だとは言わない。となると、移転と攻撃には必ず時間差があるはずだ。

では、ベトナムはいつ攻めて来たのだろう。これについてコン・デュオンは、紆余曲折を経て、ベトナムの攻撃を「一九八五年一月」だったとした。両者に時間差が生じた。こうして私は「一九八四年一一月、移転完了。翌一九八五年一月、ベトナムの攻撃」との趣旨を前著に書いた。[6]

しかし、実のところ、私はそれですっきりしていなかった。一一月と一月では短過ぎる。モヤモヤがずっと残っていた。それを吹き飛ばしたのが、先の発言だったのである。

「一九八四年の初めの頃」

そうか。一年の「初め」の方の乾季だったのか。

「乾季は一一月から五月まで」と何度も繰り返すのはお粗末だが、「移転は乾季」と言い張るコン・デュオンである。「一九八四年の初めの乾季」つまり「一月、二月頃」と捉えると辻褄が合う。「一一月（の乾季）」はコン・デュオンの記憶違いではないのか。どうも私は「一九八四年半ば頃」と言ったフィリップ・ショートにも引きずられていたようでもある。これで「一九八四年前半」での移転に思いが至らなかった。

さらには別の可能性も考えられる。もしコン・デュオンが言い張る「一一月の乾季」が正しいならば、「一九八三年一一月」ということも成り立つのではないか。この問題は少々突っ込んで調べてみよう。

オスオスデイにいつ移転したのか②

リー・ブンナレットは現在パイリンに住む元第一三一局第二七部門（ラジオ局）スタッフである。現在はコン・デュオンの情報局で働いている。

――タイにあった第一三一局がオスオスデイに移転したのはいつですか。

「オスオスデイには一年ぐらいしかいませんでしたので、一九八四年の初め頃でないでしょうか」

この「一年ぐらいしかいない」との一言で、「一九八四年一一月移転」は崩れる。少なくともオスオスデイは約一年は続いていた。

色々尋ねる中で、結婚のことに話が及んだ。

——いつ、どこで結婚しましたか。

「一九八三年に、オスオスデイで結婚しました」

——オスオスデイ移転が一九八四年初めだと今、聞きました。それなのに一九八三年にオスオスデイで結婚したというのはどういうことですか。移転前から基地があったのですか。

しばらく考えてこう言った。

「ひょっとしたら移転は一九八三年の終わり頃だったかもしれません。ラジオ局ができたのが一九八三年だというのは覚えていますが、移転が同じ年だったかどうか記憶が曖昧です。ただ、ラジオ局は第一三一局の諸部門より先に移動したことは覚えています。移動は一斉ではありませんでした」

新たな内容の証言が出て来た。「一九八三年終わり頃」である。これをコン・デュオンにぶつけてみた。すると、言下に「同じ年ではありません」と否定した。コン・デュオンは一九八四年だと思っている。

オスオスデイにいつ移転したのか③

コン・デュオンの妻スリー・ディーは元第一三一局第一八部門（ラジオ局）スタッフである。一九八二年六～七月頃、タイの第一三一局で結婚した。

――オスオスデイにいつ移りましたか。

「一九八三年八月です」

――どうして分かるのですか。

「一九八三年六月にタイの第一三一局で長女を出産しました。その二カ月後にオスオスデイに行きました。雨が凄く降っていました」

――間違いありませんか。

「長女の誕生の年月は忘れません。その二カ月後も間違いありません」

――ご主人は移転は雨季ではなく、乾季だと言っています。

「私の記憶では雨が降っていました。蛭が一杯いた時期です」

――移転はどのように行われましたか。オスオスデイの施設がすべて整ってから一斉に動いたのですか。それとも別々に行ったのですか。

「個別に上がって行きました。移動には差があり、ラジオ局のグループが先でした。私が行った時はまだ住む家を作り始めた頃でした」

二人の証言から、移動は部門ごとにバラバラだったと分かる。ひょっとしたら、一九八三年から一九八四年にかけて行われたのではなかったのだろうか。こう考えると、人によって一九八三年になったり、一九八四年になったりするのが了解される。

——リー・ブンナレットさんは一九八三年の終わり頃かもしれないと証言しました。それをご主人に言ったら、一九八四年だと否定されました。

「そう言われると、一九八四年かもしれません。その当時は何年ということを誰も意識していませんでした。夫がそう言うなら、そちらが正しいでしょう。私はそういうのを覚えているのが苦手です。彼の方が記憶力が良いです」

——しかし、ご主人の言う通りだとすると、移転した時期とベトナムに攻められた時期がほぼ同じになってしまうのです。

「そうですか。難しいですね」

——元第一三一局スタッフの証言は皆、曖昧で、言うことが違います。どうしてこうなるのでしょうか。

これには返事がなかった。彼女は苦笑いするのみだった。

オスオスデイにいつ移転したのか④

先述のマブチの話を聞かせてくれたキム・ウォンは元第一三一局第六一部門（文化情報担当部門）である。現在、郵政関係の仕事をしている。

——オスオスデイにいつ上がりましたか。

「それはラジオ局を作った後です。ラジオ局が出来たのは一九八三年ですから、一九八三年か一九八四年か、どちらかです」

——どちらですか。

「（しばらく考えて）一九八三年です」

——乾季ですか、雨季ですか。

「乾季です。雨季から少しずつ作り始めて乾季に移りました」

雨季に作り始めたというのはコン・デュオンと同じである。

——その乾季は年の初めの乾季ですか、終わりの乾季ですか。

「終わりの乾季です」

——一九八三年の終わりの乾季に移転したということで間違いありませんか。

「はい」

——どうしてそう言えるのですか。

「私はその頃、オスオスデイで結婚しました」

——結婚は乾季で間違いありませんか。

「結婚式の時、タロイモのお菓子を作ったから分かります。あれは乾季の芋です」

——もう一度確認しますが、移転は一九八三年の終わりの乾季だと断言できますか。

「オスオスデイあたりに、私の知人が率いていた部隊が駐留していましたが、ポル・ポトがオスオスデイに上がって行くというので、それをもっと前方のステングメートックの付近まで移動させせました。それが一九八三年の終わりの乾季です」

——その情報は確実ですか。

「はい」


インタビューは大事である。問われた側は質問に答えようとして一生懸命考えて、記憶が蘇る。キム・ウォンは最初に正面切って、「移転はいつか」と聞いたら分からなかった。それが周辺情報から最後にはこう断言した。移転時期がだんだん見えて来た。

オスオスデイにいつ移転したのか⑤

スリー・ディーの話を夫のコン・デュオンにぶつけた。

――奥さんは一九八三年六月に子どもが生まれ、八月に雨の中を移転したと言いました。

これにコン・デュオンはやはり同意しなかった。

「二ヶ月後と言ったのですか。それは変です。八月は雨季です。下方のタイから上方のオスオスデイに向かう山道はぐちゃぐちゃになっています。赤ん坊を抱いて歩くと両手が塞がって足を滑らせます。私はすたすたと歩いて行ったことを覚えています。妻の勘違いです」

「すたすた歩く」とは「乾季で地面が固まっている」との意味である。

コン・デュオンがこう言っている最中に、スリー・ディーが情報局長室に入って来た。二人の「論争」が始まった。夫婦の会話だから互いの口調は早く激しい。さすがのコン・サンロートも早口のやり取りの通訳は難しい。私達はしばらく様子を眺めていた。

やがて決着した。前著執筆の際、何度も尋ねても「一九八四年乾季、一一月」だったコン・デュオンが、新たな記憶と共に、蓋然性の高い結論に到達した。

一九八三年にラジオ放送が始まった。最初はタイ（の第一三一局）から発信していたが、しばらくしてポル・ポトは「乾季のうちにラジオ放送車を自国領に移動させよ」との指示を出した。「タイに残してはいけない」と、彼が言ったのを覚えている。国境の上りの山道で放送車を移動させるには、乾季になり地面が固まった状態でないと不可能である。[7] ラジオ局スタッフは雨季が終わるのを待った。だから一一月か一二月だったはずである。

オスオスデイへの移転は一斉ではない。ラジオの部門が先に移転した。第一三一局の諸部門は遅れて移った。後発の部門は数カ月後に移動した。だから、移転は「一一月、一二月から翌年の初頭」にかけて行われたことになる。そうなると、それは「一九八四年から一九八五年」ということはあり得ない。一九八五年一月にベトナムによってオスオスデイを追われたからである。従って、「一九八三年末から一九八四年初頭」以外に考えられない。

この結論は筋が通っている。

コン・デュオンの言う通り乾季を待たねば運べないラジオ放送車だが、その前にオスオスデイにスタッフの家を準備しておく必要があるはずだ。従って、ラジオの部門の家作りが始まったのは一九八三年の雨季だろう。この私の推論にコン・デュオンも異論はない。

さらに、ラジオ局でない元第六一部門のキム・ウォンも一九八三年雨季に準備を始めたと言っている。だから、全部門の準備が雨季に開始されたと考えて良いだろう。これでやっと納得できる結論に到達した。[8]

こう考えれば、スリー・ディーの証言も理解できる。彼女は「準備」と「移転」を区別せず発言しているのではないだろうか。雨季の準備の際に、乳児を連れてオスオスデイに加勢に行ったのかもしれない。一方、コン・デュオンはあくまでも準備と移転は別物として捉えている。だから、一見かみ合わないが、上記の通りなら矛盾は生じない。これで、インタビューで得た証言はすべて辻褄が合う。

そして、もしそうだとすると、スリー・ディーの記憶は、「準備」の開始が八月だと教えてくれていることになるのかもしれない。

オスオスデイの最後

オスオスデイの最後について、新知見を得たので、ここで紹介する。

オスオスデイは一九八五年一月に崩壊した。[9] これは事実である。オスオスデイの最後について、元第一三一局第八一部門（出版印刷担当部門）スタッフで、現在コン・デュオンの情報局に勤務するサエム・シウは、次のように言った。

「一九八四年一二月、オスオスデイはベトナムの攻撃を受けました。スタッフがタイに逃げたのは一月です。七日頃[10]だったと思います」

既出のリー・ブンナレットも、キム・ウォンも「ベトナムの攻撃は一九八四年一二月に始ま

現在のオスオスデイへの入口に立つ目印の木　2011 年 8 月　筆者撮影

り、オスオスデイは一九八五年早々に放棄しました」と同じことを断言した。

「一九八四年一二月攻撃、翌一九八五年一月放棄」というのは、一般に言われる一九八四年のベトナムの乾季大攻勢の実施に一致する。

サエム・シウは、さらに非常に興味深いことを言った。

「一月にスタッフが逃げた時、私は第八一部門長から『基地の様子を見張る役を残せ』とのポル・ポトの指示があるので残留せよと言われ、私を含む三人が残りました。タイに引き揚げたのは一九八五年三月です」

私はサエム・シウとはコン・デュオンの事務所でよく顔を合わせていた。まさか彼がオスオスデイの最期を看取った人物だったとは思ってもみなかった。

オスオスデイの概要

新たに分かった上記の諸事実を踏まえ、オスオスデイについてまとめると、次のようである。

タイ・カンボジアの国境の山麓のタイ領内にあった第一三一局は、一九八三年雨季（八月かもしれない）に移転の準備を始め、乾季の始まる一一月から翌一九八四年初頭にかけて、カンボジア領内のオスオスデイに移った。

だが、一九八四年一二月、ベトナムの乾季大攻勢の一環としてオスオスデイは攻撃され、翌一九八五年一月初めに放棄された。それは一月七日だったという証言もある。クメール・ルージュはタイに逃げた。

ただし、オスオスデイには三人の第一三一局スタッフが残留した。その彼らも、同年三月には、タイに撤退した。以来、この秘密司令部は深いジャングルに沈み込み、所在地すら分からなくなった。

そして、ひょっとしたら、それから二六年後、元第一三一局スタッフ、コン・デュオンと、彼に案内された私によって再び世間にその姿を晒すことになったのかもしれない。

これが、現時点で言い得るオスオスデイの概要である。

終章　第一三一局に学ぶ

タイの第一三一局の倉庫跡地（抵抗拠点図参照）　2011 年 4 月　筆者撮影

クメール・ルージュの支援者

タイの第一三一局、そして、オスオスデイの第一三一局で抗戦したクメール・ルージュである。彼らを金銭や武器・弾薬等で支援した国は一体どこなのであろうか。

一般に三派連合政府（民主カンボジア連合政府）を支持したのは、ソ連と対抗していた「中国、そして、アメリカをはじめとする西側諸国」だとされる。三派連合政府の大統領であったシアヌークは三回、日本を公式訪問している。[1] だが、「三派連合政府」とは称しても、内実はクメール・ルージュ、フンシンペック（シアヌーク派）、ソン・サン派の三派が同一歩調を取ったことはほとんどなかったようである。となると、三派に対する支援は、実際にどのように行われたのか。

コン・デュオンは次のように言う。

「クメール・ルージュに対する中国の支援は武器・弾薬などで一目瞭然でした」

それはそうだろう。

では、「日本は、アメリカは、フランス等々はどうなのか」という私の質問に、彼は、中国以外は分からないと言う。

私は、当時のインドシナに精通する日本電波ニュース社熊谷均に尋ねた。彼は現地で聞いた根拠のはっきりしない話も含まれていると念押しした上で、次のように教えてくれた。まずは国境を接するタイについてである。

三派を直接支援し、彼らをコントロールしていたのはタイ軍である。当時のプレム首相は軍トップから首相になった人であり、その一言で、タイ軍はタイ外務省などと話し合いをせずに何でもやれた。外国から来る援助はすべてタイ軍を経由して渡されたので、どの国からの援助を、どの派に、どのように渡すかということはタイ軍が相当介入できたであろう。特に武器の援助は自国の脅威にならないようにしたと考えられる。

当時のタイ・カンボジア国境地帯にはアメリカ、中国、ソ連の諜報員等が多数潜入し、公にできない支援や工作を行っていた。秘密裏の援助も多々あったことだろう。

こう指摘した上で、次のように彼は言う。

クメール・ルージュへの支援は中国政府だけでないだろうか。日本政府から援助は行っていないと思う。

フンシンペック（シアヌーク派）に対しては、アメリカ、中国、日本、欧米、北朝鮮の各政府が考えられる。アメリカや日本などはNGOや国際機関を通して、難民キャンプ支援として資金や物資の援助を行った。タイ軍もその恩恵に一部預かったことだろう。中国、北朝鮮はシアヌークに対し個人的な支援も行っていた。

ソン・サン派に対しては、アメリカ、日本、欧米など西側の政府が考えられる。共産主義のクメール・ルージュや、もう一つ信の置けない王党派シアヌーク派に一線を画す西側諸国にすれば、リベラルなグループとみなされたソン・サン派には手を差し伸べやすい。多くの国の援助が行ったと思われる。だが、元々軍事的にも組織的にも弱体であり、決して大きな勢力にはならなかった。

クメール・ルージュに対する支援について、コン・デュオンと熊谷の意見は符合する。中国だけという姿が一つ導かれる。

だが、熊谷の指摘を聞き、私は次のことが気になった。というのは、NGOや国際機関を通して難民キャンプ経由で支援が届いていたと彼は言う。これと同じスタイルでクメール・ルージュへの支援が行われたことはなかったのか。クメール・ルージュ難民キャンプへの支援をコン・デュオンに聞いてみた。

「クメール・ルージュの難民キャンプに支援物資は届いていました。赤十字、日本、アメリカからの物資です。レッドクロス、日章旗、星条旗が付いていますので分かります。日本のツナの缶詰やアメリカのサラダ油を覚えています。赤十字からは色々ありました。それらは他のクメール・ルージュの組織にも回っていました」

赤十字と日米以外については、「私は見たことがありません」。

日米の支援物資がクメール・ルージュ難民キャンプに届いていたことは確かなようである。また、赤十字という国際機関からも届いている。

ただし、これらが日米の「政府」からのものなのか、日米の「民間団体」のものなのかは分からない。また、それが政府であれ民間団体であれ、クメール・ルージュ難民キャンプに贈りたいとする日米それぞれの意思によるものなのか、あるいは、三派への配分はタイ軍が介入できたという熊谷の指摘のように、日米の意思とは別にタイ独自の判断によるものなのか、この点も分からない。

タイからすれば、ベトナムとソ連の共産主義勢力の伸長に対抗するためには、三派の中の実質的な戦闘勢力であったクメール・ルージュをしっかり支える必要がある。それによく知られていることだが、タイはクメール・ルージュ支配地域のルビーや木材の取引で莫大な利益を得ていた。両者はギブアンドテイクの関係にある。従って、タイの判断で支援物資の分配で便宜が図られていたことは十分考えられる。

しかし、もっと言えば、共産主義勢力の膨張を嫌うのは西側諸国である。直接領土を接するタイは特に緊張感があるだろうが、やはり西側全体の問題である。日米など西側諸国の支援は必須である。しかも、三派連合政府は国連に議席を持つ国際的に承認された政府である。従って、各国政府（特に西側諸国の政府）が公的に支援しても何ら問題はないはずである。仮に政府が直接やらなくても、民間団体を使って、あるいは、民間団体を装って支援することもあるだろう。

そこで、私はコン・デュオンに支援物資の「名義」を聞いた。アメリカであれ、日本であれ「政府」として届いたのか、あるいは、「民間団体」として届いたのか。

「私は全く分かりません。私はそんなことを知る立場ではありません」

確かにそれはそうだろう。第一三一局でポル・ポトとしばしば会っていたというコン・デュオンではあるが、立場は一スタッフである。政策決定に関与する幹部ではない。そこで、私は聞き直した。根拠はなくても良い。コン・デュオンの「感覚」としてはどうだろう。

「中国政府の支援は明らかです。日本政府は三派すべてを支援していたのではないでしょうか。アメリカ政府はクメール・ルージュを支援していないと思います。実際、そうしたい気持ちはあっても建前上できないでしょう。アメリカはフンシンペックとソン・サン派でしょう」

こう言いつつ、「しかし、あくまでも推測です。根拠はありません」との念押しを彼は忘れない。

コン・デュオンの、この「感覚」はよく分かる。かつて「共産主義」のクメール・ルージュは「中国の支援」を得て、「アメリカが支えた」ロン・ノル政権を崩壊させた。いくらソ連を後ろ盾とするベトナムによるカンボジア占領（ヘン・サムリン政権成立）がアメリカにとって不都合な事態であったとしても、そして、それに対抗できる軍事力を持つグループがクメール・ルージュしかなかったとしても、アメリカがクメール・ルージュを公然と支援するにはやはり躊躇があるだろう。

クメール・ルージュを表向きは否定しながら裏面で支援していたアメリカに対して「何たる偽善」とシアヌークが評したことがある。[2] タイは中国の要請もあってクメール・ルージュを、他の二派と共に、支援したが、これは当然、アメリカが承知していなければできないことである。また、このようなアメリカの意向を踏まえ、日本が支援することは十分あるだろう。

ただし、コン・デュオンは「日本から難民キャンプに来ていた支援は薬、衣服、食料など人道支援でした。武器・弾薬や金銭の支援があったかどうかは知りません」と言う。

そして、中国、日本、アメリカの三国以外の政府については、「推測すらできません」。

難民キャンプはクメール・ルージュ支援の窓口だったようである。しかし、そもそもの支援者が政府なのか、民間団体なのかは依然分からない。

そう言えば、一九九〇年頃、さる大手ＮＧＯ幹部から、こんな話を私は直接聞いた。

「都内でカンボジア難民支援の街頭募金をしていたので、支援先のキャンプ名を聞いたらポル・ポト派キャンプだった」

実際この通りだったとすると、少なくとも「日本の民間団体の義損金」の形を取って、クメール・ルージュ難民キャンプへの支援がなされていたということになる。しかし、これが本当に民間団体による支援なのか、それとも民間団体を偽装するための手法なのかは分からない。

一九八三年四月（三派連合政府時代）、クメール・ルージュ「解放区」の取材経験を持つ馬渕直城は、その体験を次のように記している。

「密林を開いて一本の道が延びていた。軍と住民が総出で道づくりに取りかかっている。これだけ大規模な道路工事を行っているのは、中国製の武器弾薬や日米欧からの支援物資搬入を考えてのことにちがいない」[3]（傍点筆者）

馬渕に従えば、日本もアメリカもヨーロッパもクメール・ルージュを支援している。尤も政府か民間団体かは、この文でも分からない。この点、彼にお会いして直接伺ってみたかった。ご逝去は返す返すも残念である。

ところで、当時の日本社会党の仲介で、タイ・カンボジア国境においてクメール・ルージュに取材をしたと教えてくれたジャーナリストがいた。また、先に述べたクメール・ルージュ支配地域に入ったTBS取材陣は日本社会党機関紙の社会新報記者と共に訪れている。同党がチャンネルを持っていたことは確かなようである。では、日本政府はどうだったのだろう。日本政府として公式に承認している三派連合政府の中のクメール・ルージュである。まして、かつてポル・ポト政権を日本は承認していた訳だから、その延長上にある三派連合政府への支援はやりやすいはずである。クメール・ルージュに対して公的な支援があったのか、なかったのか、そして、もしあったとすれば、どのような形だったのか。それがどうにも分からない。当時カンボジアに関わりのあったジャーナリストに聞いてもクリアな答えが得られない。「知らない」とあっさり言われたことすらあった。[4]

国際社会による三派への支援、中でもクメール・ルージュへの支援はどうなっていたのかという私の「素朴な疑問」は思いもよらず難しいものだった。それだけタイ・カンボジア国境には、世界の利害得失が複雑に錯綜していたのだろう。どうも簡単に分かることではないようである。私としては、第一三一局を生み出し、かつそれを支えた国際関係を正確に認識するために、そのことをぜひ知りたいものである。読者諸賢のご教示を賜りたい。

第一三一局にいたあるカンボジア人のこと

コン・デュオンは一九八二年六～七月頃、第一三一局の同僚女性と結婚した。前述のスリー・ディーである。結婚式はタイの第一三一局内で、六カップル合同で行われた。

この席にポル・ポトは来なかった。結婚する六組の当事者以外に出席者は二人だけだった。ポル・ポトの代理のタ・ブンと第一三一局管理部門スタッフのウェイである。タ・ブンはポル・ポト政権時代の在タイ大使である。ウェイは管理部門スタッフであると同時にベトナム語放送聴取の担当だった。ベトナムから発信されるベトナム語ラジオ放送を毎日聞き取り、それをポル・ポトに伝えるという役目であった。実は管理部門の責任者であるパエムが結婚する側だったから、もう一人の管理部門スタッフのウェイが来賓の立場となった。

長いテーブルの両側に向かい合わせで新郎新婦が座り、テーブルの正面右側にタ・ブン、左側にウェイが座った。まずカップルの代表としてパエムが誓いの言葉を言い、その後タ・ブンが祝辞を述べた。そしてウェイがおめでとうと言いながら酒を注いだ。

コン・デュオンはパエムやウェイのフルネームを知らない。結婚式という人生の節目を祝ってくれた上司や仲間の名前が分からないと彼は言う。「タ・ブン」もフルネームではない。「タ」は「お爺さん」の意味だから、「ブン爺さん」である。クメール・ルージュでは本当の名前やフルネームは不要だった。ただ呼び名さえあれば、それで良かった。

コン・デュオンはタ・ブンのその後については全く知らない。パエムは今、家族と共に中国で暮らしている。ウェイはすでに鬼籍に入った。

以上のことは前著に書いた。[▼5] ところで、この中のウェイについては興味深い情報があった。だが、少々確認したいことがあり、前著では触れなかった。それを、ここで紹介する。

コン・デュオンによれば、ウェイは「クメール・ハノイ」である。直訳すれば「ハノイのカンボジア人」である。

「ウェイはポル・ポトの側近で、ベトナム語が分かりました。クメール・イサラク（抗仏闘争）の時、北ベトナムのハノイにいたそうです。かつて北ベトナムはカンボジアの若者二千人くらいを拉致しました。主に親のいない子どもが連れて行かれたようです。彼らは共産主義者としてハノイで育てられ、その後、カンボジア共産党に送り込まれて来ました。北ベトナムのカンボジア支配のための長期戦略の一つでしょう。ウェイはその一人で、一五歳か一六歳の頃、ハノイに連れて行かれ、弟や妹と再会したのは四~五〇年後という人です。

クメール・ハノイはほとんどポル・ポトに殺さましたが、彼はポル・ポトの信頼を得て生き残ることができました。（カンボジア北部のクメール・ルージュの拠点の一つで最後まで政府に抵抗した）アンロンベンから（アンロンベンにいたポル・ポトと袂を分かって政府に帰順したイエン・サリ派の拠点であるカンボジア北西部の）パイリンにやって来て、一九九八年、（パイリン南部の）サムロートで死にました」

ウェイが歴史に翻弄された存在であることは、この短い証言からも十分察することができる。ポル・ポト政権は、こうしたベトナムのやり方を厳しく批判している。[6]

ウェイは北ベトナムによって育てられ、カンボジアに送り込まれたカンボジア人共産主義者である。そして、同じ境遇のカンボジア人の多くが殺されたと思われる中で、ポル・ポト側近として生き延びた。しかも、彼がいたのは、こともあろうに彼を育て上げたベトナムを相手に戦うことを目的とする三派連合政府の中のクメール・ルージュであり、さらに言えば、そのクメール・ルージュの中枢、第一三一局である。常識的には、そんなところに身を置ける存在ではない。

また、私生活では、四～五〇年もの間、家族を失っていた。そして、ウェイという名が偽名なのか、本名なのかも分からない。仮に本名だとしてもフルネームは誰にも分からない。

戦時下の民衆の苦悩は形こそ違え、皆、同じだろうとは思うものの、彼の場合、その微妙な位置ゆえに、生きて行くために、どれ程の苦労をしたことだろう。もしウェイに話が聞けたら、彼はどんなことを言っただろうか。私は彼に会ってみたかった。

そこに具体がある

八月、帰国前、オスオスデイに最後までいたというサエム・シウに、気になる地雷の話を聞いた。

「ポル・ポトの家や慰霊塔の周辺には元々地雷はありません。私達は立ち去る時も地雷は埋めませんでした。だから、多分心配ないと思います」

今さらながらホッとした。とはいえ相手は地雷である。ジャングルの基地の調査には慎重の上にも慎重を期すべきである。彼も一言付け加えた。

「私はその後のことは知りません。やはり基地の中は心配です」

実は、ジャングル訪問中は何も言わなかったコン・デュオンだが、後日、コン・サンロートに、こう漏らしたらしい。私が聞いたのは随分経ってからだった。

慰霊塔の丘の斜面を上る　2011 年 4 月　筆者撮影

「慰霊塔まで歩いている間、本当に怖かったです。あのあたりはかなり地雷があるはずです」
これを聞いて、改めて背筋がゾッとした。どちらの言い分が正しいのだろう。
尤も、いずれであれ、そうしたことが問題になるとんでもない場所である。そんなところに私が入り込んだのは、一九八〇年代、世界で最も先鋭な矛盾が集約されていた舞台に立ってみたかったからである。

既述のように、クリストフ・ペシューは、一九九二年の時点（オスオスデイが放棄された七年後）において、オスオスデイの所在地にはかなり迫っていたと思われるが、特定はできなかった。そして、それから一〇年余、二〇〇四年のフィリップ・ショートは全く違う場所を指摘してしまった。恐らく二人共、現地に行っていないのだろう。ひょっとしたら道路事情で行けなかったのかもしれない。こうした研究の足跡を追ってみると、第一三一局がいかに秘密であったかを再認識する。クリストフ・ペシューとフィリップ・ショート両氏の研究が膨大な資料の裏付けに基づくことはその著書から明らかである。それでも分からなかった。

これに対し、私はコン・デュオンというたった一人の元第一三一局スタッフからすべてを聞き、そして道路が通じたというタイミングの良さもあり、跡地に立てた。強い運があったとしか言いようがない。

それにしても思う。現場を見たいという愚直さは案外大事なもののようである。

そして、もう一つ、地雷を踏まなくて良かった。

＊　＊　＊

かつてカンボジアで、「米ソ対立」と「中ソ対立」という二つの大きな国際的対立が集約された。それは「三派連合政府とヘン・サムリン政権の内戦」という姿で現れた。三派連合政府の後ろにはアメリカなど西側諸国と中国が控え、片やヘン・サムリン政権の後ろにはベトナムとソ連・東側諸国がいた。

その三派連合政府のクメール・ルージュの秘密司令部こそ、オスオスデイ。

この存在を世に紹介するため、本書を刊行した。

オスオスデイは二〇世紀後半の世界史の矛盾の最先端に他ならない。「米ソ対立」、「中ソ対立」とは、あのジャングルのことである。

補　章　中国から戻った男

私の三回のオスオスデイ訪問のすべてに同行してくれたのが元第一三一局スタッフ、コン・ブンティムである。

彼の半生もまた興味深い。カンボジア近現代史を体現している。第一三一局の考察の参考になると考え、ここに紹介する。

コン・ブンティムと筆者　オスオスデイの大衆食堂にて　2011 年３月
コン・サンロート撮影

同席者

前著『気が付けば国境、ポル・ポト、秘密基地』の完成までに、六回、コン・デュオンにインタビューしたことはすでに述べた。場所はいつも彼の事務所だったが、そこにほぼ毎回、一人の男性が同席した。第一三一局時代以来のコン・デュオンの仲間だと言う。

私とコン・デュオンの会話に、彼が割り込むことはない。にこにこして座っている。コン・デュオンは記憶が曖昧な時、彼に確認している。それに対する彼の答えは簡潔である。長舌は振るわない。コン・デュオンの信頼は厚いようである。

当初、私はインタビューの「立会人」であろうと思っていた。かつて三派連合政府の時代、クメール・ルージュの反政府ラジオ放送のアナウンサーだったコン・デュオンである。インタビューは自ずと慎重になるだろう。

六回のインタビュー中、最初の数回は確かに「立会人」だったと私は思う。しかし、回を重ねるにつれ、その色は次第に薄れた。最後には、明らかにコン・デュオンの記憶の空白を埋めるためにのみ、そこにいた。

コン・デュオンが私のインタビューに応じてくれるのは、一つには自らの人生を回顧する機会になるからだと、私に言った。それは、その男性にも言えそうだった。私がコン・デュオンに根掘り葉掘り尋ねているのを聞きながら、彼も昔を懐かしんでいるように見えた。

六回のインタビューを経て、私は前著を出版した。しかし、その後も私のインタビューは終わらない。七回、八回と続いている。快く付き合ってくれる二人を通して、私はさらに第一三二局に迫って行く。

二〇一一年、コン・デュオンは私をオスオスデイに連れて行ってくれた。詳細はすでに述べた通りだが、同年の三月、四月、八月の計三回、私はオスオスデイを訪れた。その内、四月はコン・デュオンは同行していない。しかし、この男性はすべて一緒に行ってくれた。

彼の名はコン・ブンティムである。通称はチー。かつて第一三二局の第九一部門（映像記録担当部門）にいた。

誕生日、不明

コン・ブンティムは一九六〇年の生まれである。月日は分からない。それでも、生年月日すべてが分からないコン・デュオンよりはマシである。[1] この頃のカンボジア人は何とも大らかである。「当時は気にしていませんでした」とコン・ブンティムは苦笑する。彼は今、「一月一日生まれ」として役所に届けている。理由は「絶対忘れない」からである。彼以外に「一月一日」のカンボジア人を私は何人か知っている。彼らも同様の理由である。ひょっとしたら内戦時代のカンボジア人は正月元旦生まれが多いかもしれない。

コン・ブンティムは女二人、男三人の兄弟姉妹の四番目として誕生した。「女、男、女、彼、男」の順である。このうち、次姉と弟は死んだ。姉は一九七九年一月、ベトナムがカンボジアに侵攻した時、逃げ込んだジャングルの中でマラリアに罹って死亡した。弟は一九八三〜四年頃、森林伐採の仕事中、急死した。牛車に引きずられて死んでいた。恐らく事故だと思われる。ただし、これらは後から聞いた。後述のように、彼は長くひとりぼっちの生活を強いられていた。

クメール・ルージュに入る

一九七四年はコン・ブンティムが一四歳となった年である。その五月、彼はクメール・ルージュに参加した。アメリカの支援を受けたロン・ノル政権を倒して、クメール・ルージュが政権の座につくのは一九七五年四月だから、その約一年前のことだった。

入ったきっかけは友人だった。「解放軍に入ろうよ」と声を掛けられた。解放軍とはクメール・ルージュのことである。十代半ばの少年には銃を構える姿が格好良く見えた。戦争を怖いとも思わなかった。「その時は、私はまだ子どもでした」と、彼は言う。本人がそう言うのだから、そうなのだろうと思いつつ、戦争に身を投じる動機がそんなものかと訝しい思いで聞いていたが、やがて真相が見えて来た。

彼の郷里はカンボジアの南西部、カンポット州チュークである。両親は農業だった。シアヌーク追放のクーデター、親米ロン・ノル政権の成立、アメリカによる空爆の開始などカンボジアに対するアメリカの行動に「憤りを覚えた」彼の父はクメール・ルージュに入り、一兵士として戦った。その父が、一九七四年、アメリカの空爆で殺された。

前年の一九七三年には、彼の村でこんなことがあった。ロン・ノル政権同様、アメリカの支援を受けていた南ベトナム政府の兵士集団が突然やって来て村を荒らした。家財を奪い、牛などの家畜を盗んだ。その時、彼は思った。「兵士になってやり返してやる」。

この頃、彼の周りにロン・ノル政権を評価する声はなかった。腐敗した同政権に対する国民の失望と怒りは大きかった。[2] クメール・ルージュに入ると言ったコン・ブンティムに、母は何も言わなかった。

幹部の隣

クメール・ルージュに入った彼の最初の仕事は、故郷の村から五〇キロほど離れたカンポット州クバールロミアスの地区幹部のアシスタントだった。アシスタントと言うと聞こえは良いが、その実「使い走り」だった。

「私の仕事はいつも地区幹部の隣にいて世話をすることでした」

中でも手紙や書類を届ける役目は重要だった。自転車に乗って村々を走り回った。戦時下の配送役だからさぞかし緊張しただろうと思ったが、危険な目には一度もあっていない。そもそも銃を携行しなかったというから驚きである。その頃はロン・ノル政権崩壊の直前であり、首都プノンペンの攻防が焦点だった。クメール・ルージュに押さえられたカンポット州は安全だったと彼は言う。

配膳係もアシスタントの仕事だった。地区幹部に食事を運び、そして食後の片付けをした。彼の食事はその幹部が食べ終わった後だった。幹部が残せば、それは彼の取り分となった。だから、「残っているのをいつも期待していた」。

幹部が外出する時は「鞄持ち」兼「ボディーガード」だった。この時だけは、幹部の安全の確保のため、銃を携行させられた。

「一九七五年四月、ロン・ノル政権崩壊時、何をしていましたか。プノンペンに突入したクメール・ルージュ兵の中にいなかったのですか」と尋ねる私に、「オッテー（いいえ）」と首を横に振った。彼はそんなことには無縁だった。父や村の恨みを果たすためにクメール・ルージュに入ったはずなのに、銃を持つ機会はほとんどなく、一度も戦闘を経験しなかった。

ポル・ポト政権時代

ポル・ポト政権（クメール・ルージュの政権）は農作業に従事していなかった都市住民を「新人民」として地方に移住させ、サハコーという集団農場での共同生活を強制した。その結果、餓死、病死、虐殺などで夥しい数の同胞を死に追いやった。階級社会を否定するポル・ポトら共産主義者にとって都市住民は否定さるべき存在であった。

これに対し、元々地方で農業を営んでいた人々は「旧人民」と呼ばれ、革命政権であるポル・ポト政権の主体とされた。彼らこそが新国家の建設の担い手とみなされた。コン・ブンティムの家族はカンポット州の農家である。その上、彼はクメール・ルージュが政権を奪う以前からすでにクメール・ルージュ兵になっている。彼や彼の家族は紛れもなく「旧人民」の立場にあった。

虐殺

ポル・ポト政権成立後も、彼はずっとアシスタントをやっていた。一九七七年までクバールロミアスにいた。

「虐殺はありました。ここでも虐殺は行われたのだろうか。実際に殺していたクメール・ルージュの軍人が知り合いでした」

その知人から、

「俺、今日、また人を殺すけど見に来ないか」

と、しばしば誘われた。

「前の政府（ロン・ノル政権）の兵隊を随分捕まえた。みんな殺す」

と言っているのを聞いたこともあった。ある時、

「なぜそんなに殺すのか」

と尋ねた。知人は、それには直接答えずに、

「とにかく一度見に来いよ」

とまた誘った。彼は恐ろしくなり、それで会話は途絶えた。

「怖いから、それ以上関わりたくありませんでした」

そう語る表情は真剣だった。

海に近いクバールロミアスは魚介類が豊富だった。米もあった。だから、餓死者はいなかった。

転機

一七歳になる一九七七年の雨季のある日のことだった。日付は覚えていない。幹部の推薦でコン・ブンティムはプノンペンの南部の町タケウに派遣された。タケウはUNTAC展開中、日本の自衛隊が駐屯した場所として知られている。

このタケウ行きが彼の人生の重大な転機になろうとは、その時は思いもよらなかった。一体何のために行くのか聞かされなかったし、聞きもしなかった。当時は、「行け」と言われたら行くだけだった。でも、「銃を持たされなかったから戦争ではないだろう」とは考えた。

タケウにはタ・モクがいた。二〇〇六年、収監中、プノンペン市内の病院で病死したクメール・ルージュの大立者である。「ポル・ポトの家」を訪ねる時、「タ・モクの家」と間違えていたという話は第一章に書いた。この人物は多くのカンボジア人を殺した。コン・デュオンは「殺人鬼」と呼んでいる。[3] コン・ブンティムは、この時、タ・モクを初めて知った。普通のリーダーという以上の印象はなかった。後日、虐殺者として批判を集めることになろうとは思ってもみなかった。

タケウには、タ・モク支配下の南部各州から百人余の若者が集められていた。すべて男性だった。タ・モクは百余人の前で簡単なスピーチをした。だが、召集した目的には触れなかった。同じ村から一緒に送られて来た少年がいた。年齢は一三～四歳だったと思われる。まだあどけなさが残っていた。若過ぎたということだろうか、彼は送り返された。

猛勉強

タケウにいたのは三日間だけだった。新しい服を支給され、プノンペンに送られた。全部で百五人だった。プノンペンに着くと、バトック高校校舎に入れられた。そこで約二週間、寝泊まりした。この間は特に何もしなかった。食事がたっぷり出されたのが嬉しかった。

二週間後、市内の「ロシア通りの学校」に移された。校名は聞かされていない。現在、そこには「カンボジア・ロシア友好大学」がある。ここに来てからは大変だった。文字の読み書きを中心に、一日中、徹底的に勉強させられた。数学などレベルの高い勉強もやらされた。

コン・ブンティムが生まれた地域では、人々はアメリカの空爆を恐れてジャングルに逃げ込んで暮らしていた。ジャングルなら上空の飛行機から見えずに済むからである。小学校もジャングルの中だった。そんな学校での教育は、学年別の授業ではない。年齢がバラバラの児童が一緒くたに勉強した。文房具もなかった。彼は拾って来た赤みがかった紙をノート代わりに使ったことを覚えている。ある程度の読み書きは教えてくれたものの、所詮、たかが知れていた。だから、このプノンペンでの猛勉強は彼の終生の財産となった。以来、きちんと読み書きできる。

「一日中、勉強させられました」

と何度も何度も繰り返し言った。よほど強烈な印象が残っているようだ。

「一日三回、きちんと食事を取らせてくれました」

これも何度も繰り返した。当時一七歳。食欲旺盛な年代である。本当に嬉しくてたまらなかったのだろう。

しかし、何のために勉強しているのかは、依然、一切聞かされなかった。

中国派遣

やがて年が明け、一九七八年になった。猛勉強はいつまでも続いた。

それは七月だった。時のエネルギー大臣チェイン・オーンが学校にやって来て、皆に告げた。

「これまで勉強してもらったのは皆さんを中国に留学させるためである。まもなく出発するので、一層頑張って欲しい」

思いがけない展開に、皆、驚きを隠せなかった。しかし、反面、嬉しくもあった。

出発直前にはポル・ポト首相本人が学校に来て訓示した。

「中国で一生懸命、勉強して来て欲しい」

と百五人を激励した。コン・ブンティムがポル・ポトの顔を見たのは、これが初めてである。そして、まさか数年後に、この絶対的権力者のもとで働くことになろうとは夢想だにしなかった。

ポル・ポト政権が中国の後押しで生まれたことは今さら言うまでもないが、それにしても、中国がこのような人材育成を行っていたことを私は初めて知った。中国のカンボジアに対する戦略の一端を垣間見た。

石油精製の研修

一九七八年七月、百五人のカンボジアの若者は北京に到着した。落後者は一人もいなかった。プノンペンで学んだ百五人全員が送られた。

北京で彼らは三つのグループに分けられた。五〇人のグループが二つと五人のグループが一つである。コン・ブンティムは五〇人のグループの一員として蘭州へ行った。ここで石油精製の研修を受けた。もう一つの五〇人のグループはトラクター工場へ行った。その場所は知らない。残りの五人は中国語の勉強だった。彼らは北京にいた。どうもこの五人はエリート中のエリートだったように思われる。そう考える根拠は後述する。

百五人は事前に中国語の勉強はしていない。恐らく中国派遣を秘密にするためだろう。先に勉強させれば、誰でもピンと来る。ポル・ポトの秘密主義が徹底していることは何度も述べたが、これもその一例だろう。

中国に来て、コン・ブンティムは人生の至福の時を味わっていた。「選ばれた人」であり、「希少な存在」であった。幸福感で満たされていた。「私の人生はこれで十分」と、彼は思った。それにしても、である。コン・ブンティムはなぜそんな重要なメンバーに選ばれたのだろう。この私の素朴な疑問は、実は彼自身の疑問でもあった。

「私もどうして選ばれたのか不思議です」

三四年を経た今日でも分からない。彼を推したのは、彼がいつも側にいた地区幹部だと思われる。彼以外には考えられない。名をノイと言う。コン・ブンティムの人生の節目を作った人物だが、その後の消息は何も知らない。

ポル・ポト政権崩壊

コン・ブンティムの幸せの日々はあっさり崩れた。一九七八年一二月二五日、ベトナムがカンボジアに侵攻した。そして、翌一九七九年一月七日、ポル・ポト政権を崩壊させた。百五人の中国到着は一九七八年七月だから、約半年で、彼らを中国に送り込んだ政府が消えてなくなった。

「勉強は中止になりました。中途半端で終わりました」

とコン・ブンティムは言う。

蘭州組五〇人は原油を採取し、それをガソリンや軽油などに精製するまでの一連の過程を三年間で学習する予定だった。だから、ベトナムが侵攻した時点では、まだ石油工場を視察している程度であった。実際の作業には従事していなかった。

「工場を視察し、専門用語を勉強しているところでした。ですから、見ているだけの勉強で終わりになりました」

ベトナムの侵攻は中国人の世話役から聞いた。全員が愕然とした。

「食事が喉を通らないほどショックを受けました」

五〇人の会話は尽きなかった。気になる郷里の家族。自身の今後の身の振り方。祖国カンボジアの今後。そもそもカンボジアに戻れるのか。結論の見えない話が延々と続いた。

そんな中、ポル・ポト政権崩壊の翌月、つまり一九七九年二月、中越国境紛争が起きた。ポル・ポト政権を潰したベトナムに対する中国の「懲罰」であった。

「中国がカンボジアを助けるためにベトナムを攻撃したと私達は聞きました。皆で中国の決断は正しいと評価していました」

なお、この「懲罰」は、翌三月まで続いた。

帰国のための軍事訓練

こうして研修は急遽取り止めとなった。帰国のための準備が始まった。帰国準備とは軍事訓練だった。帰国してベトナムと戦うための訓練が課せられた。

蘭州の五〇人の石油研修グループは二五人ずつ二つの班に分けられた。一つの班は「軍用車の運転」の習得のため天津に送られた。もう一つの班は実戦の訓練だった。こちらは昆明に送られた。コン・ブンティムは天津だった。

天津で軍用車の扱い方を中国人民解放軍に教わった。さすがに中国研修経験者のコン・ブンティムである。「中国人民解放軍」をきれいな中国語で発音した。その他、「北京」、「蘭州」、「天津」、「昆明」など、今でもきちんと発音できる。

別の班が行った昆明には、彼の仲間の二五人だけでなく、その時、中国にいた研修生、留学生など、ほぼ全員と思われるカンボジア人が集められていた。その数、三百人余。そこで総合的な軍事訓練を施された。射撃訓練、敵の捕捉訓練、飛行機の操縦訓練など一通りを教えられた。祖国に戻り、反ベトナム闘争の核にならねばならないと徹底的に叩き込まれた。

これに対して、コン・ブンティムが学んだのは運転である。帰国後、昆明での訓練の実態を聞き、自らの強運をまた知った。「私はここでも銃を持ちませんでした」。

夜中の帰国

軍事訓練は一二月末まで続いた。ポル・ポト政権が崩壊したのは一九七九年一月早々だから、一九七九年の一年間を、中国にいた三百人余のカンボジア人は訓練に明け暮れていたことになる。ベトナムに対する中国の怒りが読み取れるようである。

一九七九年の年の瀬も押し迫った一二月二四〜五日頃、コン・ブンティムら天津グループ二五名と昆明グループ三百人余が広州に集められ、船に乗せられた。いよいよ帰国である。四〜五日間、船上にいた。

一九八〇年一月一日、正に年が明けたばかりの正月元旦の午後の夜、彼らは陸に上がった。到着は夜中だったから港の様子ははっきりしないが、タイの首都バンコクの近くではなかったかと彼は推測する。そして、そのままバスに乗せられ、国境を越えた。一年半ぶりの祖国である。カンボジアに入った時もまだ暗かった。到着は夜明け前だったから、一月二日早朝ということになる。

この帰国の証言から、反ベトナムということで中国とタイの間でしっかり話が付き、タイが全面協力していることが理解できる。もちろんアメリカも承知してのことだろう。

やっと帰って来たものの、ではこれから実際に何をすれば良いのだろう。

「皆さんは祖国カンボジアをベトナムから解放するために帰るのです」

「祖国に帰ってベトナム人と戦いましょう」

そうした内容は何度も聞いた。だが、具体的な説明は何もなかった。

それに、そもそもカンボジアのどこに着いたのか、そんなことすら教えられなかった。

カンボジアのジャングルにて

到着したカンボジアの一画で、コン・ブンティムら軍用車のドライバー二五人を除く人々は、三日間の休息を与えられ、早四日目には国内各地の戦場に送られて行った。

残された二五人の新たな生活はチョー1で始まった。既述の通り武器庫である。彼らはチョー1から63まで、またはチョー1からプテア2まで、武器や荷物、木材を毎日運んだ。かなり開発が進んだ現在と違い、当時は鬱蒼たるジャングルの中である。道は悪く、車は使えない。中国で学んだ軍用車の運転は役立たない。黙々と歩いて運んだ。運んでは降ろし、そしてまた戻り、という作業を繰り返した。任務はこの運搬と武器庫に収められた武器の管理であった。宿舎はチョー1の周りにあった。ここで働いていたのは、正確には分からないが、全部で三百人程度だった。

それにしても、コン・ブンティムはまたも銃を持たずに済んだ。

中国帰還組が踏んだ祖国の地とは、タイ国境に作られたクメール・ルージュの抵抗拠点だった。第一章の「抵抗拠点図」を参照して頂きたい。正にそこに彼らは連れ帰られた。

しかし、それは、オスオスデイの調査を終えた今だから、正しい位置を説明できるものである。ポル・ポトは、このプルサト州の一帯を秘匿するため、「コッコン州」だと嘘をついた。第一三一局スタッフでさえ、このポル・ポトの撹乱情報に長く振り回されたことは序章に記した。

コン・ブンティムは、一月一日夜、タイの港に着き、そのまま二日午前の深夜、カンボジアに入ったと言った。つまり、夜間の移動である。タイの港も、カンボジアの抵抗拠点も、できる限り隠そうとするから、こうした時間帯を選ぶのであろう。これでは、わずか数日の休養で各地の戦場に送られた三百人余が帰国地点を認識することは不可能である。一方、残された二五人も、毎日歩くジャングルの風景には馴染んだが、そこをコッコン州だと思い込んでいた。だから、ここがどこなのか、実は誰もきちんと分かっていなかった。

ところで、帰国した中に北京で中国語を勉強していた五人はいなかった。その後、戻ったらしいとの噂は聞いたが、何のための別行動だったのか、コン・ブンティムらの耳には入って来なかった。ひょっとしたら彼らは密命を受けていたのかもしれない。そして、以後もクメール・ルージュと中国をつなぐ重要な役割を果たしていたのかもしれない。五人の内の一人は、後日、クメール・ルージュの大幹部ソン・センの養子となった。ソン・センは、一九九七年、ポル・ポトに粛清されたが▼4、その時、彼も一緒に殺されたとコン・ブンティムは言う。この特別扱いの五人がクメール・ルージュの権力の中枢にいた可能性は高そうである。恐らく五人の人生も波瀾万丈であったに違いない。

第一三一局

荷物運びも数ヶ月が経ったある日のこと、運搬係責任者のトゥーがコン・ブンティムら四人を呼び出した。

「ポル・ポトが自分の近くで働かせる人材を欲しがっている。あなた方に行ってもらいたい」

コン・ブンティムらは驚いたが、言われるままにするしかない。四人は第一三一局の第九一部門に入れられた。なお、この時の第一三一局はタイである。

第九一部門は記録を業務とする部門である。写真や動画の撮影に従事した。彼はまた言った。

「私はここでも銃を持ちませんでした」

手にしたのが銃でなく、カメラや八ミリ撮影機というのは良かったが、四人はそんなものを扱ったことが一度もない。そこで、早速、研修が始まった。指導者は第九一部門長トーン。彼に初歩から叩き込まれた。ポル・ポト政権時代から記録を担当していた人物らしい。

記録係は兵士と共に戦場に行く。そして、クメール・ルージュが戦っている様子を撮影する。戦場は怖かった。しかし、どんなに怖くてもポル・ポトから命じられているのだから行くしかない。味方が勝ちそうな時は、まだ良かった。なぜなら、逃げて行く敵や確保した戦車を撮影

1989年、政府からパイリンを奪回した時のクメール・ルージュ兵　コン・ブンティム提供

することが多いから気持ちが少しは楽である。ところが、敗色濃厚となると、雨あられと降り注ぐ銃弾、砲弾が本当に恐ろしい。いよいよダメだという時には、真っ先に「逃げろ」と指示された。

「危ない時は兵士がすぐに教えてくれました。必死で逃げました」

記録係は単なる捨て駒ではない。内戦下のカンボジアで、彼はとうとう「死んではならない立場」を手に入れた。

撮影現場

彼の記憶に強く残っているシーンがある。クメール・ルージュがプルサト付近の鉄道に爆弾を仕掛け、通過する列車を爆破、襲撃した。人や荷物で一杯の列車は脱線し、多くの死者が出た。乗車していた政府軍兵

1980年頃、タイの第一三一局にて　右から二人目コン・ブンティム　コン・ブンティム提供

士数人と銃撃戦になった。その様子を彼がずっと撮っていた。

ところが、この襲撃は手違いだった。予定では、武器を大量に積んで東のプノンペン方面からやって来る軍用列車を襲撃し、武器を奪うはずだった。それが直前の伝達にミスがあったのか、西のバッタンバン方面からやって来た民間人の乗る列車を襲ってしまった。だから、列車を確保するのは簡単だった。しかし、彼が忘れられない悪夢の光景となった。

もう一つある。トンレサップの西側を走る国道五号線、プルサトとバッタンバンの境界のスワイドンケウに橋がある。政府軍が西方の国境の戦場に武器を補給するのを妨害するため、橋を破壊する作戦が実施された。この撮影も彼が担当した。コンクリートの橋を崩したのを記憶している。

両方共、年月日は覚えていない。一九八〇年代、三派連合政府時代のカンボジア内戦の一コマである。これら記録は彼の手元に残っていない。そもそも第九一部門スタッフの個人保管は許されていなかった。すべてポル・ポトに渡された。なお、動画はないが、写真は数枚残っていた。「コン・ブンティム提供」として本書に掲載した。当時を伝える貴重なものである。

支援者へのアピール

第九一部門が決死の思いで撮影した写真や映像は、整理・編集した上で、部門長トーンを通してポル・ポトに提出した。では、これらは一体何に使われたのか。この肝心のことについて、実はコン・ブンティムは本当のところを知らなかった。

「本当か嘘かは分かりませんが」

と前置きした上で、

「国連や西側諸国、中国に見せるためだったようです」

と彼は言う。

多分その通りであろう。西側諸国と中国の支援で、東側陣営のベトナム（背後にソ連）と戦ったのが三派連合政府時代のクメール・ルージュである。国連議席を三派連合政府が持っていたことは前述した。だから、「我々はこんなに頑張って戦っています」（コン・ブンティム）と

トンレサップ湖上のクメール・ルージュ兵　コン・ブンティム提供　1980年代撮影

支援国、支援機関にアピールする必要がある。

しかし、弾が飛び交う中を命懸けで撮影しているスタッフにさえ、ポル・ポトは何の説明もしていない。彼は第一三一局のスタッフをどう思っていたのだろう。

ポル・ポトを知らない

「ポル・ポトはどんな人でしたか」

この質問をコン・ブンティムにして、私は本当に驚いた。彼は第一三一局で一度もポル・ポトと会ったことがないと言う。

「タイかどこかに出かける時、ボディーガードを一杯引き連れて歩いているのを見かけました。でも、個人的に面会したことはありません」

そんなものなのか。クメール・ルージュ

の反政府ラジオのアナウンサー、コン・デュオンは、連日のように、ポル・ポトに会っていた。ということは、同じ第一三一局スタッフでも、直接会う必要があると判断した者以外には全く目もくれていないと言えそうである。

「デュオンさんは情報を集めたり、放送したりする役目だったから会えるのです。私は撮影だけだから会う必要がありません。第九一部門のリーダーが会えば済むことです」

それはそうかもしれない。しかし、考えてみれば、これが二人のその後を分けたようでもある。コン・デュオンはクメール・ルージュの幹部と人間関係ができ、それが今日の地位（パイリン州情報局長）につながった。一方、コン・ブンティムは幹部との人間関係が希薄だった。そして、今、コン・デュオンの部下である。

コン・ブンティムとコン・デュオンは第一三一局時代から互いを知っている。ポル・ポトに会えるコン・デュオンが羨ましくはなかったのか。

「会いたいとは全く思いませんでした」

と彼は言う。その理由が振るっている。

「偉い人はよくしゃべります。疲れるから嫌です」

こう言って苦笑した。確かにそうだ。よく分かる。

第一三一局で唯一親しく話をしたことがある幹部はヌオン・チア[▼5]だった。この人物は清貧な生き方で知られている。第九一部門に時折ふらっとやって来ては政治話を延々と語った。国際情勢などを教えてやろうという気持ちがあったのだろうが、大変なおしゃべりで辟易した。

キュー・サムファン▼6は時々見かけた。国民に嫌悪されているクメール・ルージュの中にあって比較的評判の良い人物である。第一三一局の中をよく歩いていた。

前述したソン・センも第一三一局の中で時々見た。タ・モクはタケウで見ただけだった。

「偉い人は面倒臭いです。リーダーが会ってくれれば仕事上の問題はありません。そんなことより、第一三一局に入れられてしまったから、家族のもとに戻れませんでした。それが残念でなりませんでした」

この人は、純粋、純朴で、飄々としている。

本名で生きる

クメール・ルージュでは、多くの場合、素性を隠すため名前は偽名である。ポル・ポトの本名がサルト・サルだというのはよく知られている。コン・デュオンも本来はコン・パーラーである。コン・ブンティムはどうなのか。

彼の答えは面白かった。何と「コン・ブンティム」は本名だと言う。実は中国に行く時、改名を迫られた。そこで「コン・チー」と適当に名を付けた。中国ではずっと「チー」と呼ばれていた。カンボジアに戻り、第一三一局に入れられた。そこでまた「名前を変えろ」と指示された。それならばと、こともあろうに本名に戻した。これでは改名の意味がない。この人物は本当に面白い。なお、「チー」は、今は彼のニックネームとなっている。

難民キャンプ

一九八五年一月、オスオスデイはベトナムの攻撃で崩壊し、クメール・ルージュはタイに逃げた。その時、コン・ブンティムはバーブオン難民キャンプに行くよう指示された。オスオスデイの北二〇数キロに位置するトム山の麓のタイ領内にあった。現在ダム湖が作られているが、その入口付近にあったと彼は言う。トム山はフィリップ・ショートが第一三一局所在地と誤認したところである。

コン・デュオンなど第一三一局の一部スタッフはタイ領内のソイダオの基地に移ったが、[7] 彼は難民キャンプに行かされた。こんなところからも第一三一局スタッフの重要度が判別できそうである。

このキャンプはクメール・ルージュキャンプだった。クメール・ルージュ兵とその家族しかいない。管理にタイは介入せず、クメール・ルージュで行った。油、塩、米など保管できるものはクメール・ルージュが調達し、野菜のような鮮度が要求されるものは赤十字から頂いた。キャンプ内には病院もあった。ただし、ここから難民として外国に出ることはできない。あくまでもカンボジアの戦場に向かうクメール・ルージュ兵のための拠点であった。

第一三一局はバラバラになったが、第一三一局スタッフとしての仕事は続いた。命令が来ればカメラを持って撮影に出かけた。

家族再建

この難民キャンプで知り合った女性と、彼は結婚した。一九八六年、二六歳の年だった。式は至って簡単なものだった。一九七五年のポル・ポト政権成立以来、家族とは会っていない。ずっとひとりぼっちの生活だった。それがようやくここで家庭を持った。彼は男児を二人得た。

一九九二〜三年にかけてのUNTAC展開時、彼は姉が死んだサムロートにいた。この頃、撮影の仕事はもうなくなっていた。香木を売って暮らしていた。時にはクメール・ルージュの武器運びの手伝いに行った。国連がカンボジア紛争を終わりにしようとしたUNTACである。政府とクメール・ルージュの緊張も緩和されていた。一九九三年、彼はその機会を利用し、郷里に赴いた。[8] 長姉と兄が生きていた。ふるさとを離れて二〇年近くが経っていた。

彼の人生の節目になったタケウは、妻の郷里であった。彼は家族と共に、一九九六年、サムロートから移り住んだ。永住するつもりだった。

それが、タケウに来て二〜三ヶ月目のことだった。クメール・ルージュが大分裂を起こした。カンボジア北西部を支配するイー・チエンの一派[9]が首魁ポル・ポトと袂を分かち、プノンペンの政府に下ったのである。コン・ブンティムは興奮した。戦争に辟易してタケウに来た彼である。それが長く過ごした北西部から戦争がなくなった。妻の郷里とはいえタケウには馴染みがない。彼は妻を説得しパイリンに向かった。パイリンは北西部の中心の町である。

ここでコン・デュオンと再会した。「一緒に働かないか」と誘われた。コン・デュオンはイー・チエンの投降に協力して地位を得ていた。[10]

1993年　サムロートにて　コン・ブンティム提供

今、コン・ブンティムは、パイリンに家を構え、コン・デュオンの情報局に働き、妻子と共に平穏に暮らしている。二〇一一年八月、オスオスデイに行くためにコン・デュオンを訪ねた私は多忙のコン・デュオンを待って三日間、所在なくパイリンで過ごした。その時、「私の家に行き

プノンペンの政府との統合が決まった1996年、パイリン市内で撮影。右前の男性がコン・プンティム。その左後ろがコン・デュオン　コン・デュオン提供

ましょう」と誘ってくれた。木造平屋の慎ましやかな家の庭を鶏が走り回っていた。

注記

序　章　なぜカンボジアのジャングルなのか

（1）永瀬一哉『気が付けば国境、ポル・ポト、秘密基地』（二〇一〇年　アドバンテージサーバー）八八頁～九七頁。

（2）フィリップ・ショート著　山形浩生訳『ポル・ポト　ある悪夢の歴史』（二〇〇八年　白水社）巻頭地図。六二二頁。永瀬前掲書一二一頁～一二三頁。

（3）永瀬前掲書一一八頁～一二一頁。

第一章　一回目のオスオスデイ——何から何まですべてが新鮮

（1）永瀬前掲書七〇頁。

（2）前掲書一〇八頁～一〇九頁。

（3）前掲書二三七頁。

（4）前掲書一〇九頁。一三六頁。

（5）序章に記したようにオスオスデイの「オ」は小川だが、ステングメートックの「ステング」は比較的大きい川を指す。

（6）オスオスデイの諸施設の位置、方位には前著一一〇頁の図と異同がある。コン・デュオン、コン・ブンティムに慎重に確認し表記した。諸施設がジャングル内に点在していたことや、ジャングル内の移動に制約があったことなどから、そこにいたスタッフでも混乱が生じている。

（7）今川瑛一　菊地昌典　木村哲三郎『新インドシナ戦争　闘うベトナム・カンボジアと中・ソ』（一九八〇年　亜紀書房）一五二頁〜一五三頁、一五六頁。

（8）フィリップ・ショート前掲書六二二頁。

（9）フィリップ・ショートによれば、国境を越えて入国するカンボジア人をタイが受け入れたのも、この流れにある同年四月頃である。なお、その論拠の一つはコン・デュオンの証言である（フィリップ・ショート前掲書六一八頁及び「注と出所」一八五頁。永瀬前掲書第三章注記（7）二六四頁）。

第二章　二回目のオスオスデイ——天のプレゼント

（1）私はパイリン郊外のCMAC（The Cambodian Mine Action Centre）の地雷処理現場を視察したことがある。地雷探知機を持ったスタッフが朝から地面を丹念に探索し、発見時には埋設地点にドクロマークを立てる。そして夕刻、それらを爆破して一日の業務を終える。爆破時、危険だからと現場から五百メートル離れたところで待機させられた。やがて爆破が始まった。一定の間隔をおいて音が聞こえる。五百メートルも離れているとは思え得ないほどの凄まじい爆音が近隣に響き渡っていた。

第三章　三回目のオスオスデイ——やはりコン・デュオン

（1）永瀬前掲書二四七頁〜二四八頁。

（2）前掲書一〇五頁〜一〇六頁。

（3）菊池寛『日本武将譚』（一九九一年　文芸春秋）一一八頁。

第四章　オスオスデイと私

（1）クリストフ・ペシュー著 友田錫監訳『ポル・ポト派の素顔』（一九九四年　日本放送協会出版）一一四頁。

（2）例の「岩場」が「滝」と誤認されてしまった可能性を考えた。引用した文を「マエ・トエク川から別れて流れるオスオサデイという支流の岩場の傍に総司令部が設営…」とすれば正しい内容となる。こうした言わば詮無い詮索をするのも、この後の注記（3）で述べたように、クリストフ・ペシューはオスオスデイの位置に相当迫っていたのではないかと思うからである。

（3）序章に記したように、元第一三一局スタッフは第一三一局一帯をポル・ポトから「コッコン州」であると教えられていた。だが実際には「プルサト州」であった。これは私とのやり取りでコン・デュオンがようやく気付いた。ポル・ポトの徹底した秘密主義の一環だとコン・デュオンと私は理解した。ひょっとしたらクリストフ・ペシューも「第一三一局はコッコン州のオスオスデイにあった」という趣旨の取材をしたのではないのだろうか。もし「『マエ・トエク川』の『オスオサデイ（という滝）』の傍にある『コッコン州』の司令部」という混乱した（ポル・ポトが混乱させた）情報を基に所在地を特定しようとすると、「マエ・トエク川」がコッコン州内を南北に流れ行く目の前に位置するタイの「クロン・ヤイ」を起点にし、そのあたりのカルダモン山脈の中にあると言うしかない。
ここで私は「(クロン・ヤイの）北」とクリストフ・ペシューが記しているのが気にかかる。想像を逞しくすると、彼は地図上のポイントとしてはオスオスデイのおおよその位置を把握していたのではないか。クロン・ヤイを起点に説明するには南に偏しているという意識があったから（つまり入手した情報では「コッコン州にある」ということになっているから南のクロン・ヤイあたりを起点にするしかなく、この矛盾を少しでも解消すべく）、「北」と記したのではないか。そう考えると、先の引用文がよく分かる。

それに、クリストフ・ペシューは「チャー1」について同書にて言及している。「チャー1」は本書第一章で紹介した「チョー1」のことであろう。この存在を把握していることから、恐らくオスオスデイ一帯を知る人物から取材したものと思われる。しかも、同書では所在地を「タイ側の斜面」（一一四頁）とするが、この点は本書第一章に記した通りであり、必ずしも誤りではない。つまり、かなり精度の高い情報に基づいて叙述していることが伺われる。しかし、オスオスデイの位置についてはピンポイントでは特定できなかった。その原因は「コッコン」ではないだろうか。

なお、チョー1の役割について同書は、攻撃を受けた際の「撤退のための避難基地」であり、それゆえ「タイ側の斜面に設営された」とする。しかし、コン・デュオンやコン・ブンティムらの証言では、チョー1は武器庫以上のものではない。また、一九八五年、オスオスデイが攻撃を受けた時に実際に撤退したのは、タイ側の斜面のさらに先のゴム園の中であった。これは前著に記している（永瀬前掲書一〇九頁）

（4）クリストフ・ペシュー前掲書一一四頁には「定期的にタイ（そこには彼らの別荘もあった）との間を往復し、自分たちの安全を確保すると同時に、政治的、外交的、経済的な要求を満たし、物資の補給や医療など必要なものを確保していた」との記載がある。しかし、本文に述べた理由で、この「タイの別荘」が第一三一局を指すものとは思われない。彼が言うタイにあった別荘というのは、恐らく「ハウス20」（永瀬前掲書一一三頁）などのクメール・ルージュの拠点のことであろう。

（5）（6）前掲書一一四頁。

（7）しかし、オスオスデイへの移転はフィリップ・ショートの言う一九八四年ではなく、一九八三年であった。これは第五章で述べる。

（8）このことから、フィリップ・ショートは第一三一局がコッコン州になかったことを承知していたとも思われる。
（9）馬渕直城『わたしが見たポル・ポト　キリングフィールズを駆けぬけた青春』（二〇〇六年　集英社）二三〇頁。
（10）馬渕直城氏は二〇一一年一〇月末、亡くなられた。「マブチが来た」という証言を私が得たのは同年八月。第一三一局についてご本人に尋ねようと思っていた矢先のことだった。同氏の著書『私が見たポル・ポト』に記載がないのだから、馬渕氏は第一三一局に行っていないと考えられる。あるいは実は入ったが書かなかったという可能性はあるだろうが、クメール・ルージュが彼を案内した上で公表を禁止するというシチュエーションは不自然であろう。
（11）カンボジア研究会編『カンボジアはどうなる！』（一九八二年　三一書房）八頁～（「根拠地は密林の要塞」）。
（12）永瀬前掲書一〇八頁。

第五章　オスオスデイの謎を解く
（1）永瀬前掲書一二七頁～一二九頁。
（2）フィリップ・ショート前掲書六三七頁。
（3）永瀬前掲書一二八頁。
（4）前掲書一二九頁。
（5）前掲書一一〇頁。
（6）前掲書一三六頁。

（7）タイの第一三一局を訪れた時、私はここを通行しているからコン・デュオンの言うことが良く分かる。この山道の酷さは常識の範疇ではない。凄まじいまでの荒れようである。乾季でも車は腹を擂り、右に左に蛇行しながらゆっくりゆっくり進むしかない。そこに雨水が含まれたなら、上ることはまず不可能だと思われる。
（8）私は前著でタイからオスオスデイへの移転の理由をベトナムの総攻撃を前にしたタイの政治的判断によるものとした。これについては、この結論を得た現在においても変わらない。
（9）永瀬前掲書一三六頁。
（10）一月七日といえば、一九七九年のこの日、ベトナムによってポル・ポト政権が崩壊した。偶然同じ日付だったのかもしれないが、彼の記憶は政権崩壊日と混同している可能性も考えられる。現時点での私の調査の範囲では、オスオスデイ放棄の日の特定はできない。ここでは、こうした証言もあったと紹介する程度に止めたい。

終章　第一三一局に学ぶ

（1）外務省ホームページ
（2）フィリップ・ショート前掲書六三六頁。
（3）馬渕前掲書　二三一頁。
（4）この問題に関連する元朝日新聞井川一久氏の一文が、それに反論する吉川勇一氏のＨＰに掲載されている。
（5）永瀬前掲書一八五頁～一八七頁。
（6）民主カンボジア外務省編　日本カンボジア友好協会監訳『ベトナムを告発する　黒書全訳』（一九七九

年　社会思想社）三二頁、五一頁など。

補　章　中国から戻った男

（1）永瀬前掲書一八三頁。
（2）前掲書三〇頁、五七頁。
（3）前掲書二三八頁。
（4）前掲書二二八頁～二三三頁。
（5）前掲書二三九頁。
（6）前掲書二三八頁。
（7）前掲書一一二頁～一一三頁。
（8）UNTAC展開中のクメール・ルージュと政府との緊張緩和を利用して、生き別れになった肉親に会いに行ったのはコン・デュオンも同じである。彼は母と再会した（前著一六六頁～一七六頁）。UNTACが民衆レベルの視点で平和への道標になっていたことがこうしたことから分かる。
（9）この「イー・チエンの一派」とは、本書の序章と終章で「イエン・サリ派」と言ったグループと同じである。クメール・ルージュを分裂させ、政府に投降した実際のリーダーはイー・チエンであり、名目上のリーダーがイエン・サリであった。日本では「イエン・サリ派」が分裂したと一般に理解されているので、序章と終章ではそのように記したが、ここはコン・ブンティムの証言であり、彼の発言を踏まえた叙述とした。なお、この点の詳細は前著一五五頁～一五六頁を参照。
（10）永瀬前掲書一六一頁。

第一三一局略史

一九七九年一月七日

ベトナムがカンボジアに侵攻し、ポル・ポト政権が崩壊する。

同年七月

タイ王国トラト市東方のタイ領内に第一三一局が設置される。

同年中

国境を挟んでタイとカンボジアに展開する広大なジャングルの中に、反ベトナムのための秘密拠点が作られる。

一九八三年雨季（八月?〜）

第一三一局をタイ領内からカンボジア領オスオスデイへ移転する準備が始まる。

同年後半の乾季（一一月〜一二月頃）

オスオスデイへの移転を開始する。

一九八四年前半の乾季（一月〜二月頃）

オスオスデイへの移転を完了する。

同年一二月

オスオスデイ一帯がベトナムの攻撃を受ける。

一九八五年一月（七日?）

オスオスデイの第一三一局を放棄する。

ポル・ポトの指示でスタッフ三人が残留する。
同年三月
残留三人が撤退する。
以後、タイ、オスオスデイ、二つの第一三一局はジャングルに隠れる。

おわりに

何かを調べ始めると、人の善意に触れられる。それは調査の余慶である。本書も多くのご厚意に支えられている。

最も忘れ難い方は名前さえ知らない。コン・デュオン氏が突然行けなくなった二度目のオスオスデイ訪問時のタクシードライバーである。一泊二日の仕事が嫌われ、引き受け手がいなかった。困っている私の顔を見て、しぶしぶ了解してくれた。彼がいなければ、私は、あの時、オスオスデイに行けなかった。

その彼は、泊りの仕事だったゆえ妻から浮気を疑われたようである。片言のクメール語しか分からない私でも、携帯電話での妻とのやり取りがどんな内容か、その場の空気で読み取れた。あのドライバー氏には感謝とお詫びの思いで一杯である。

オスオスデイの秘密司令部の跡地に立つ。これが二〇一一年の私の課題であった。コン・デュオン氏とコン・サンロート氏のご協力を得て、都合三回、調査ができた。心から「ソームオークン　チュラウン（ありがとうございました）」と申し上げる。何度この言葉を両氏に述べたことだろう。どうすれば恩返しができるのか、これが次の私の課題である。

ジャングルに同行して頂いたコン・ブンティム氏、そしてジャングルを案内して下さったカンボジア・プルサト州の国境警備隊長、副隊長、隊員各位に対しても心から御礼を申し上げたい。また、畏友日高邦夫氏の日頃の親身の支えは、私の研究には不可欠である。

日本電波ニュース社熊谷均氏、NHK解説委員嶋津八生氏、IFCC国際友好文化センター理事長鎌田篤則氏には多大のご教示を賜わった。そして、同時代社高井隆氏のアドバイスがあって、本書は形が付けられた。


こうした方々と共に、もう一つ感謝すべき対象がある。尤もそれを何と呼べば良いのか、私にはよく分からない。というのは、このオスオスデイの調査には、「運」が一杯あった。オスオスデイへの道が通じていた運、ゲストハウスができていた運、オスオスデイのジャンルは切られずに残っていた運、森林火災で地雷が相当処理されていた運、プルサトでの出会いで慰霊塔まで行けた運、そして、その慰霊塔をポル・ポトの家と間違って書かずに済んだ運などなどである。これらがなかったならば、本書は違うものになっていただろう。中身がもっと薄くなっていたか、誤認情報を公表していたか、あるいは、そもそも本書そのものが成立していなかったか。

いずれであれ、今回ほど運なるものを感じたことはない。ひょっとしたら、闇雲に突っ走っている私を、「私の神様」とでも呼ぶべき存在が苦笑しながら見守り、道筋を付けて下さったのかもしれない。そんなことまで思うほど、二〇一一年の私はオスオスデイにのめり込んでいた。

本書が冷戦下、三派連合政府時代のカンボジア内戦の考察の一助になることを願ってやまない。

【著者略歴】

永瀬一哉（ながせ・かずや）

一九五六年生まれ

早稲田大学第一文学部日本史学専攻卒業

早稲田大学大学院教育学研究科修士課程修了

現在、神奈川県立相模原総合高等学校教諭

アフターファイブには特定非営利活動法人「インドシナ難民の明日を考える会」代表として在日インドシナ難民支援とインドシナ本国（特にカンボジア）支援に従事する一方、ＮＨＫ学校放送番組委員を二〇年余務め、主に中高の社会科・地歴公民科番組の制作に関わる。

著書は『太平洋戦争・海軍機関兵の戦死』（明石書店）、『気が付けば国境、ポル・ポト、秘密基地—ポル・ポト派地下放送アナウンサーの半生』（アドバンテージサーバー）など。

文部大臣奨励賞、博報賞、難民事業本部表彰、相模原市社会福祉協議会表彰などを受ける。

特定非営利活動法人

「インドシナ難民の明日を考える会（ＣＩＣＲ）」

一九九〇年結成。日本定住インドシナ難民支援とインドシナ本国（特にカンボジア）への支援を行う。

カンボジア王国開発貢献メダル、神奈川県ボランタリー活動奨励賞、相模原市社会福祉協議会表彰を受ける。

クメール・ルージュの跡を追う
——ジャングルに隠れたポル・ポト秘密司令部

2012年7月10日　初版第1刷発行

著　者　永瀬一哉
発行者　高井　隆
発行所　同時代社
〒101-0065　東京都千代田区西神田2-7-6
電話　03(3261)3149　FAX　03(3261)3237
組版・装幀　有限会社閏月社
印　刷　モリモト印刷株式会社

ISBN978-4-88683-725-7